青春文庫

1分後、誰かに話したくなる47の「寓話」

話題の達人倶楽部［編］

JN044975

青春出版社

新しい自分にめぐり会える47話

長い人生の中で出会う、さまざまなできごとを比喩によって諭してくれるのが寓話です。

本書では、そんな味わい深い寓話をはじめ、歴史の中で育まれてきた神話、そして現代に残る名作まで、タイプはさまざまでも、読めば人生に新たな彩りを添えてくれる47篇を紹介し、その読み方をナビゲートします。

たとえば、ほんとうのやさしさとは何かを問いかける「ムクドリとブドウの木」。決断する前に、立ちどまって考えることの大切さを教えてくれる「蛙と井戸」。また、「犬と鍛冶屋」では、自分の気持ちに正直に生きること、「ライオンのお供をしたロバ」は、自分の価値は自分の中にあることを再認識させられます。

〝いい話〟には、明日を変える力があります。このままでいいのかと思ったら、ぜひページをめくってみてください。

泣ける話、ささる話、こわい話、不思議な話……物語の世界を通して、新しい自分にきっとめぐり会えるはずです。

2022年11月

話題の達人倶楽部

1分後、誰かに話したくなる47の「寓話」■目次

1 いい「寓話」ほど、他人に話したくなる……11

ライオンのお供をしたロバ　自分の価値は、自分の中に　12
ライオンと豹　判断を後悔しないために必要なこと　15
動物の楽園　そこに「人間」がいなかった理由　19
角《つの》を欲しがるラクダ　自分がもっているもの、いないもの　24
雪の色が白いのは　待雪草《まつゆきそう》にあって、他の花になかったこと　26
ムクドリとブドウの木　ほんとうのやさしさってなんだろう　30

蛙と井戸　決断する前に考えておくこと　35
ランプ　世界は、自分が思っているよりたぶん広い　38
川と牛皮　かたい強さより、しなやかな強さを　40
熊と旅人　困難な状況になってはじめてわかること　42
占い師　人生は未知の瞬間の積み重ね　44
漁師と犬　「好意は素直に受けるもの」とはいうけれど　47
犬と鍛冶屋　気持ちに正直に生きる　49
ヘルメスと彫刻家　自分をはかるモノサシはどこに？　52
無花果《いちじく》とオリーブ　幸運を誇るのは不幸なこと　55
鳥と狐　「ほめられ方」にも作法がある　58
狐と半身像　人は見た目か、それとも中身か　61
ミルテの繁みのつぐみ　目の前のことに気をとられていたら…　64

2 この「ストーリー」には、人間関係の本質が詰まっている……67

砂漠のナツメヤシ　見えないものに希望を見る力　68
石を裁く　ピンチは、知恵と機転で切り抜けろ　72
ネズミの会議　言うは易く、行うは難し　76
ふしあわせさん　「自分でなんとかしたい」が問題解決の出発点　81
最悪の着物　やり込めるにはコツがいる　85
疑心暗鬼　他人を疑う〝視線〟の先に何がある？　89
親子ネズミ　ていねいな人間関係のつくり方　92

遭難者とアテナ女神　神に祈る前に、自分にできること　95
三十銭で暮らす三人家族　本当のお金の使い方を知っていますか　98
樹　ひとりになっても生きていけるか　102
だれか迷わざる　「正解はひとつ」という思考のウソ　106
ヘラクレスとアテネ　「けんかのおばけ」は放っておこう　110
冬と春　結局、人は力や恐怖では動かない　113
農夫と息子たち　本当の宝物はどこに？　116
天文学者　大切なものは意外と近くにあるもの　118
男の子と木の実　本当に必要なものの探し方　120
古い借金返し、新しい借金で暮らす　上への感謝の気持ちは、下に返す　124

3 「名作」には、人を変えることばがある…… 127
トム・ソーヤの冒険　新しい価値をうみだす力　128
飛ぶ教室　まえがきその二　辛いときこそ自分に正直に　131
よだかの星　たとえ苦しいことばかりだったとしても　135
蜘蛛の糸　人がもつ「業」の深さを思う　140
4 世界には、記憶に残る「お話」がたくさんある…… 145
誰かが見ている　見られているという感覚を持っているか　146

目　次

おそすぎたのです　残酷な世界に生きているということ　150
死神のおくった知らせ　前を向いて生き続けるための準備とは？　154
恐怖　怖い時ほど、耳をすまして目を開く　159
おばあさんのテーブル　後ろめたい気持ちの奥には…　162
甕《かめ》売り商人の夢　夢を思い描くこと、夢を実現すること　166
結婚した野ウサギ　しあわせのかたちはいろいろあるけれど　169
捕虜になったラッパ吹き　「勇ましいことば」にご用心　173

カバー・本文イラスト■AdobeStock
DTP■フジマックオフィス
制作■新井イッセー事務所

＊おことわり

本書に掲載した寓話やその他の話は、出典元や出所をそれぞれの話に併記していますが、本文表記は読みやすさを重視し、作品によっては新字体、現代かな遣い、常用漢字を採用し、改行や一部省略をしています。また、いくつかの文学作品については、作品中の一部を紹介しています。

なお、現代では不当・不適切とされる語句や表現等が含まれている作品については、その時代性および文学的価値を考慮して原文のままといたしました。

1
いい「寓話」ほど、他人に話したくなる

ライオンのお供をしたロバ

自分の価値は、自分の中に

むかしライオンが、ロバにお伴をさせてやったことがあります。

ある日のこと、二頭はべつのロバに出会いました。

「こんにちは、きょうだい！」とそのロバはしたしげにいいました。

ライオンとならんでいばりくさっていたロバは、あたまを高くあげ、ふきげんそうにラッパのような声でいいました。

「ずうずうしいやつめ！」と、ロバは親類をどなりつけたのです。

「なんで、きみにあいさつすると、ずうずうしいっていうことになるのかね？」と、相手のロバはたずねました。

「ぼくたちは親類じゃないのかい？　きみは、ライオンといっしょに歩いているから、ぼくよりえらいとでもいうのかい？　きみがいくらライオンのお伴をしたって、ぼくと同じロバであることに変わりはないんだよ！」

マルティン・ルターといえば、ローマ・カトリックを批判して宗教改革を起こしたドイツの神学者として知られる人物ですが、そのルターが『イソップ寓話集』の序文として次のような一文を寄せています。

「だれでも、いたいところをつかれれば、真実をにくむ。それゆえに、賢明で高尚な人たちは寓話を創作し、動物同士のあいだで話をさせた。

（中略）

寓話を読むと、動物同士が真実を語り合うのはこういうわけである。」

ライオンのお伴になったら突然、居丈高になり、親類のロバを怒鳴りつけるいけ好かないロバは、たしかにどこかで見たことのあるタイプです。

こういう態度を「権力を笠に着る」といいますが、実力のない人間ほど地位を利用していばった態度をとりがちです。

見苦しいからやめておいたほうがいいにきまっているのですが、それをストレートに言うのではなく、ロバを登場させて風刺しているというわけです。

西洋の物語の中で、ロバは気弱で愚かな存在として用いられることが多いのですが、この話の中で怒鳴りつけられたほうのロバは毅然としています。

いくら有名人や人気者と知り合いだからといっても、それはけっして自分を内面から輝かせるものではありません。勘違いしている人は意外と多いものです。

○参考文献
「動物寓話集」(レッシング作、関楠生訳/ブックマン社)

ライオンと豹

判断を後悔しないために必要なこと

むかし、あるとき、係争中の森や密林や洞窟が原因で、ライオンと豹が非常に長い戦争をつづけていた。法にもとづいて裁判で争うのは彼らの性に合わなかった。それに、えてして強者は法律には疎いものである。そのかわり、彼らには勝者が正しいという独自の掟《おきて》がある。とはいえ、さすがにいつまでも戦ってはいられない。爪にも鋭さがなくなってくる。両雄は、法にもとづいて決着をつける決心をした。軍事行動を停止し、すべてのいさかいを中止し、それから例によって、つぎの紛争までの恒久平和条約を結ぶつもりであった。豹がライオンに提案する。

「さっそくわれわれは双方から全権委員を任命し、彼らの良識の定めるところに任せよう。たとえば、わたしが猫をその職につけるとしよう。猫はみすぼらしいが、心にやましいところがない。ところで、きみは驢馬《ろば》を任命したまえ。驢馬は身分だってたいしたものだ。それに、このさいついでに言えば、きみのところの驢馬はすばらしい家畜だ。友人としてのわたしを信じてくれ。おそらく、きみの仲間や側近は驢馬の足もとにも及ばんだろう。その驢馬とわたしのところの猫がけりをつけてくれることを期待しよう」

そこでライオンは、あっさりと豹の考えを認めた。ただし、この問題の審理のためにライオンが自分の名で任命したのは、驢馬ではなく狐であった。ライオンは小声でつけ加えた（おそらくライオンは世間を知っていたのだろう）。

「敵が褒める者は、きっと役には立たないだろう」

条約や協定を結ぶ際の条件に関する話し合いのことをネゴシエーションといいますが、対立関係にある相手との間に妥協点を見出すことができるのは、ビジネスパーソンにとって一生もののスキルといえます。

しかし交渉の相手には、この話の中の豹のような狡猾なタイプも少なくありません。

豹は、「われわれは双方から全権委員を任命し、彼らの良識の定めるところに任せよう」などと言葉選びこそ紳士的ですが、相手の全権委員はできるだけ有能でない者を任命させようと言葉巧みに仕掛けてきます。

一方で、黙って聞いていたライオンが任命したのは、いかにも狡猾な切れ者といったイメージのあるキツネでした。相手の裏の裏を読んで動くという、現実の社会でもライバル同士の駆け引きにありそうなシチュエーションです。

このような、互いを信用していない者同士の話し合いで敗れないようにするためには、相手の思惑が透けて見えたとしても、まずはポーカーフェイスで話に耳を傾けることです。

実際、ビジネスや外交の世界でタフネゴシエーターといわれる人も、じっくりと話を聞くことで交渉の道を探ります。相手が自分を利するために流れをつくろうとしていても、その場ではけっして動かないのです。

この話の中でも、ライオンは豹の提案を聞いて「なるほど」とひとことくらいは答えたのかもしれません。しかし、最終的に相手の要求をのむわけではありません。相手のたくらみを理解したうえで、自分の出方を考えるライオンは、したたかで一枚上手でした。さすが百獣の王の貫禄といったところでしょうか。

○参考文献
「完訳　クルイロフ寓話集」(内海周平訳／岩波書店)

動物の楽園

そこに「人間」がいなかった理由

一頭のあわれな年よりの馬が、みすぼらしい宿屋のドアの前に、ゆめを見ながら立っていました。雨がふっていました。もう、まもなく真夜中です。あわれな馬は、死ぬほどかなしい思いをしながら、あたまを垂れ、弱った足で待っていました。

この夜、馬は、小馬だったときのゆめを見ました。ゆめのなかで、馬はむかしにかえって、楽しげに牧場をはねまわっていました。

とつぜん、年をとった馬は、きたない敷石道にばったりたおれて、死にました。

馬は天国の門にやってきました。大きくてかしこい馬は、門の前に立って、聖ペテロがきてあけてくれるのを待っていました。ペテロがいいました。

「ここに、なんの用だね？　おまえには天国にはいる権利がないはずだ」

年とった馬は答えました。「わたしの母はやさしい馬でした。年とって、働き疲れてから死んだのです。わたしは母がここにいるかどうか、神さまにおたずねしようと思ってやってきました」

すると、天の門はさっと左右に開いて、動物の楽園が目の前に広がりました。

年をとった馬はすぐにおかあさんを見つけ、むこうもこっちがわかって、二頭はいななきあいながらあいさつをかわしました。いっしょに天国の広い牧場に立ってみると、馬はたいへんうれしくなりました。だって、むかし、つらい思いをしたときの友だちが、ぜんぶいたのですから。そして、みんなが永久にしあわせなのがわかりました。

みんないました。町の敷石道の上を、すべったりつまずいたりしながら、石を引っぱっていき、動けなくなるほどなぐられて、荷車につけられたままたおれた馬たちも。

そしてまた、目かくしをされて、一日十時間も、メリーゴーラウンドで木馬をまわしていた馬たちも。

みんな、いまは永久に、神々しい静けさのただよう広い野原を歩いていました。

どの動物も、みんなしあわせでした。

ネコたちは、微笑しながら見ていらっしゃる神さまのいうことさえきかずに、いかにもかわいらしく、神秘的に、糸玉にじゃれて、軽い前足でころがしていました。

やさしいおかあさん犬は、ちっぽけな子犬にお乳を飲ませるのに余念がありません。

魚は漁師をこわがることもなく、すいすいと泳いでいました。鳥は猟師をおそれずに飛んでいます。なにもかも、こんなふうでした。

そして、この楽園には、人間はただのひとりもいませんでした。

自己責任論が叫ばれる社会では、下層に転がり落ちることが恐ろしくて、できるだけ権力のある人間にすり寄ったり、弱い者を蹴落としてまでも上をめざそうとしたりする人が増えます。

それはまるで、お釈迦様が垂らしたはかない糸にしがみついて主人公の犍陀多《かんだた》が地獄から抜け出そうとする、芥川龍之介の『蜘蛛の糸』（P140参照）のラストシーンのような自己中心的な様相です。

そして糸にしがみついている本人は、それを「努力」と呼び、しがみつかない人を「怠け者」とののしったりします。

しかし、そんな努力を続けていれば、どんなに強い精神力の持ち主であってもいずれは疲弊するでしょう。そして、それ以上に強欲な人たちのしわ寄せを被る弱き者、小さき者たちは当たり前の幸せさえ手に入れるのがむずかしくなってしまいます。

ここには人間の欲望の犠牲になった動物がたくさん登場します。作者のジャムが言いたかったことは、最後の一行にある「そして、この楽園には、人間はただのひとりもいませんでした」に尽きるでしょう。

動物を苦しめる人間がいないから、天国はこんなにも陽だまりに包まれたような幸せな場所なのでしょうか。それとも、動物の命を粗末に扱ってきた人間は天国の門をくぐれないから、ここは動物たちの楽園になったのでしょうか。

人間の業について考えさせられる一話です。

○参考文献
「動物寓話集」（フランシス・ジャム作、関楠生訳／ブックマン社）

自分がもっているもの、いないもの

角《つの》を欲しがるラクダ

ラクダは、立派な角を自慢する牛を見て、とても羨ましくなりました。そして、自分も同じような角が欲しいと思いました。そこでゼウスの所へ行き、どうか自分にも角を授けてほしいと頼んだのです。

するとゼウスは、自分の大きな体と強い力に満足するどころか、角まで欲しがるラクダに腹を立ててしまい、角をつけてやらなかったのです。それだけではありません、なんとラクダの耳の一部を取り去ってしまったのです。

多くの人は、他人のものを見ると欲を出してしまい、つい色目を使い、結局は、もともと自分が持っていたものまで失うことになるのです。

他人のものは、よく見えるものです。財産や持ち物、さらには才能や素質に至るまで、自分も同じようなもの、あるいはそれ以上のものを持っているのに、なぜか他人のもののほうがずっとよく見えてしまい、どうしてもそれが欲しくなる。人間の欲望というのは果てしないものです。

他人のものを欲しがる人は、自分がどんなにすばらしいものを持っているかを忘れています。あるいは、本当はすばらしいものであっても、それが貧弱でつまらないものに見えています。

それは、いわば目の錯覚です。他人のものがよく見えるから、自分のものがつまらなく見えているだけなのです。

他人のものがよく見えて、自分もそれと同じものが欲しいと思ったときこそ、あらためて自分のものをもう一度見直してみましょう。自分や、自分が持っているもののなかに輝きが発見できるはずです。

○参考文献
書籍をはじめ、いくつかの話をもとに加筆・修正。

待雪草《まつゆきそう》にあって、他の花になかったこと

雪の色が白いのは

ずっとむかし、雪にはまだ色がありませんでした。雪は、とても自分の色がほしいと思っていました。

雪はお墓に行きました。お墓は黒い色をしていました。雪はその色をもらうわけにはいかないだろうかと頼みました。けれどもお墓は雪をせせら笑って追い払いました。

雪はスミレのところに行って頼みました。スミレの色をもらえないだろうかと。スミレもまた、雪をせせら笑って追い払いました。次は、バラに頼みました。けれども、バラもくれようとはしませんでした。

雪は、他のすべての花のところへ順番に行きました。けれども、みんな、雪のことなど自分たちには関係ない、といわんばかりにせせら笑うのでし

た。

最後に雪は、マツユキソウのところに行きました。マツユキソウも、最初はくれようとしませんでした。

雪はとても悲しくなって、いいました。

「わたしは、ほんとに風みたいなものです。風も色がなくて、できることといったら泣きわめいて木の枝を折ることだけです。だれも、風を見ることはできません」

それを聞いて、マツユキソウは雪がかわいそうになりました。それで、雪に自分の色をあげることにしたのです。こんなふうにして、雪は白くなりました。

それからというもの、雪は花に恨みを抱き、凍死させます。でも、マツユキソウだけは凍らせないで、助けてあげるのです。


この話で面白いのは、もともと雪には何の色もついていなかったというところです。

たしかに、色のない雪がいくら降り積もっても、誰も見ることはできません。風がどんなに強く吹きつけても、それを見ることができないのと同じです。

誰かに見られたい、認識されたいというのは、自分のアイデンティティを確立させることでもあるでしょう。雪が色を分けて欲しいと頼むのは、スミレやバラをはじめとした、色とりどりの花たちでした。

美しい姿のものが、どこか冷たく描かれるのは、寓話のセオリーのひとつです。ここでも、花たちは雪の頼みをすげなく断るのでした。

雪に色を分けてくれたのは、マツユキソウです。漢字で書くと待雪草、英語名はスノードロップといいます。2月から3月の寒い時期に、小さく可憐な白い花を咲かせます。

雪の中で白い花を咲かせるマツユキソウの姿は、冬から春に向かう希望の象徴のように描かれることが多く、『旧約聖書』にも楽園を追われたアダムとエバの前に天使が咲かせたエピソードがあります。

ロシアの詩人マルシャークが書いた戯曲『森は生きている』の中では、凍てつくロシアの冬が終わり、春を告げる花として全編に描かれています。

この話の舞台も、冬の寒さが厳しいドイツです。人々は雪が解けるころに花を咲かせるマツユキソウを、希望の春の兆しとして愛してきました。雪とマツユキソウの絆は、春を迎えるドイツの象徴でもあります。

○参考文献
「雪の色が白いのは―グリムにはないドイツのむかし話―」(シャハト・ベルント編・大古幸子訳／三修社)

ほんとうのやさしさってなんだろう

ムクドリとブドウの木

（前略）

雨の季節がおわると、焼けつくように日が照りだしました。夏がきたのです。木の葉が青青としげっています。地面は草におおわれました。畑のブドウの木は、雑草に押しつぶされてしまいそうです。

お百姓は、よく切れるかまをもって、ブドウ畑にむかいました。そして、木の下でムクドリにたずねました。

「いっしょに、ブドウ畑に行こう。草を刈って、ブドウの手いれをするんだよ」

「いま、子どもたちに、えさをやっているところよ」

そういって、ムクドリは巣をはなれません。

太陽が、地面いっぱいに、炎のような息をはきかけました。お百姓は、一日じゅうひとりで草を刈って、ブドウの木の手いれをしました。

つぎの日も、お百姓は大きなかごをもって、ムクドリの木の下を通りました。

「おうい、ムクドリ、きょうはどうだね。いっしょにブドウ畑に行って、あとかたづけをてつだっておくれ」

「だめだめ、いま、いそがしいのよ。子どもたちに飛びかたを教えているの」

空が青く澄んで、日ざしがやわらかくなってきました。

秋です。畑では、琥珀色になった大つぶのブドウが、おもそうに実っています。

お百姓は荷車をひいて、ブドウ畑にむかいました。木の下を通るとき、ムクドリを呼んでみました。

「おうい、ムクドリ、どこにいる」

「ここよ」

風が吹くたびに、木の葉のあいだから、太陽が白い光をふりまいています。

「どうだね、いっしょにブドウ畑に行かないか。きょうは、ブドウを摘みに行くんだが……」

すると、ムクドリは気持ちよさそうにさえずりました。

「いま、子どもたちを呼んでくるわ」

そういうと、ムクドリは、ぱっと巣を飛びたちました。

ひろいブドウ畑は、収穫のよろこびであふれています。

「さあ、いっぱいお食べ。もう、おまえたちも飛べるようになったのか」

お百姓は、ムクドリの子どもたちに声をかけました。

豊かに実ったブドウ畑で、ムクドリの親子は、おなかいっぱい、あまいブドウをごちそうになりました。

お百姓側の視点に立つと、大変な農作業を何も手伝わなかったムクドリが、収穫のときにだけ一緒にブドウ畑に行って、おなかいっぱいにおいしいブドウを食べるのは、なんだかちゃっかりしているように感じるかもしれません。

古い枝を剪定し、土を起こし、木を消毒したり、下草を刈り取ったりと、ブドウの木を育てる農家の一年は、たしかに地道で骨が折れる仕事ばかりです。秋に実る甘いブドウの実は、その苦労の対価といえるでしょう。

しかし、ムクドリにとってもその季節はとても大切な時期なのです。巣をつくり、たまごを温め、孵《かえ》ったヒナにエサをやったり、飛び方を教えたりします。

そして、実りの秋をむかえ、お百姓は手塩にかけたブドウの収穫に行く途中でムクドリに声をかけました。ムクドリも、いわば実りの季節をむかえ、ヒナたちは立派におおきくなっています。

おじいさんに誘われたムクドリは、自分がすべきことをしたのを知っているので、遠慮なくブドウの実を食べることができます。

ヒナたちの成長を喜び、「いっぱいお食べ」と声をかけるお百姓は、ムクドリが命を育てる大変な作業をしていたことを知っています。

自分の目に見える世界だけが、すべてではありません。生き物はみな、命を育み、それぞれの生を必死に生きている、自然の営みの一部です。そういう他者への想像力は、「やさしさ」となってあらわれるでしょう。

○参考文献
「吸血鬼の花よめ　ブルガリアの昔話」（八百板洋子編訳／福音館文庫）。

蛙と井戸
決断する前に考えておくこと

二匹の蛙が一緒に沼地に住んでいました。でも、ある暑い夏、沼地が乾燥したので新しく住む場所を探しはじめました。蛙は湿気の多い土地を好むのです。住むところを探しているうちに、二匹の蛙は深い井戸を見つけました。

一匹の蛙は暗い底をのぞき込み、「冷たくて気持ちよさそうだよ。飛び込んでここに住もうか？」と言いました。

しかし、もう一匹の少し頭のよい蛙が言いました。

「急ぐなよ。もしもこの井戸が沼地のように乾燥したら、どうやって井戸から出るんだよ？」

細かいことは考えず、とりあえずやってみるか、それとも、行動を起こす前にじっくり考えるか――。日常生活の中でよくありそうな会話ですが、よく考えてみると、この2匹の蛙の考え方にはずいぶんと開きがあるようです。

もちろん、どちらが正解というわけではありません。すぐに井戸に飛び込もうとした蛙は、人間でいえば「行動力がある」ともいえるし、「後先を考えない」ともいえます。対してもう一匹は、「物事を冷静に見ている」反面、「決断力がない」ともいえるでしょう。

つまり、どちらのタイプであっても、いい面もあれば悪い面もあるということです。

ひとりの人間の中にも正反対のものが同時に存在するはずです。だから、その状況に応じて、どちらの部分を発揮するのか、それを見極めることが大切だともいえます。

一瞬のひらめきで後先のことを考えずに行動することもあれば、一度立ち止まって、まずは慎重に考えるということもあるでしょう。

人生は、決断の連続です。跳ぶにせよ、跳ばないにせよ、その決断がどんな結果を招いたとしても、自分の決断を受け入れるという覚悟を持つことが大切です。

○参考文献
「魔法の糸　こころが豊かになる世界の寓話・説話・逸話100選」（ウィリアム・J・ベネット編著／大地舜訳／実務教育出版）

ランプ

世界は、自分が思っているよりたぶん広い

油をじゅうぶんにすったランプが、よくもえて、あかるくひかるので、

「わたしは太陽よりもあかるいわ」

と自まんしていました。ところが、さっと風が吹いてくると、たちまち消えてしまいました。

そばにいた人が、もういちど火をつけてやりながら、いいました。

「さあさあ、またてらしなさい、ランプさん。ただし、だまっててらしなさいよ。太陽や月の光は、けっして消えることはないのだから」


小さなランプでも、たしかに暗闇の中を照らす光としては、十分に明るく光ります。しかし、井の中の蛙大海を知らずというように、世界はもっと大きく広いもの

です。

自分の能力を過信して、うぬぼれていると、あとで恥をかいてしまいます。

太陽や月は、地球全体を照らし、植物や動物などすべての命を育んで、闇夜も明るく照らします。それも、毎日毎日、燃料も動力も必要としていません。

ランプの小さな光は、風が吹けば消えてしまいます。それでも、どこかで誰かの役には立つのです。そして、そのことを声高に自慢しなければ、ずっと尊敬されるのです。

○参考文献

「イソップ童話（上）」（二宮フサ訳／偕成社文庫）。

川と牛皮
かたい強さより、しなやかな強さを

牛皮が川の流れに乗って、ゆらゆらと流れています。

川がその牛皮を見つけて「おまえは誰だい?」と聞くと、

「私は岩より硬く、鉄よりも硬い」と自慢します。

川は、そんな牛皮をじわじわと揉みほぐしながら、

「その自慢も今日までだよ。お前さんは私がグニャグニャにしてしまうのだから」と言いました。


川と牛皮の問答という、じつにイソップらしい話です。堅牢《けんろう》無比、つまり並ぶものがないほどしっかりと、こわれにくくできている牛皮ですが、それをふにゃふにゃに柔らかくするのは、川の水でした。

柔よく剛を制すといいますが、川の水によって、牛の皮は少しずつ柔らかくなっていくでしょう。それまでの硬い皮は、定まった形すらない水によって柔らかくされてしまうのです。

硬いものに対抗しうるのは、同じように硬いものや尖ったものなどだけではありません。

むしろ、柔軟さが硬さを凌駕することもあります。「硬い」より「柔らかい」ほうが、ときに強いこともあるのです。

○参考文献

書籍をはじめ、いくつかの話をもとに加筆・修正。

困難な状況になってはじめてわかること

熊と旅人

ふたり連れの旅人が道をゆくと、いきなり熊があらわれた。熊に見つかるまえに、ひとりは道ばたの木に向かい、枝によじ登って身を隠した。もうひとりは、連れのようにすばやく逃げられなくて、地べたに身を投げだし、死んだふりをした。熊が近づいてきて、クンクンと嗅ぎまわしたが、旅人はじっとしたまま息を止めている。熊は死体に手を出さない、と聞いていたからだ。しばらくして熊が去ってゆくと、木に登っていた連れが下りてきて、あいつはきみの耳もとでなんていったんだい、とたずねた。相手はこたえる。

「危ない目に遭《あ》うと見捨てるような友だちとは、もう二度と旅をするなってさ」

人間の心は多面的なもので、一対一の関係であっても、常に一定の温度を保てるわけではありません。とはいっても、平和な日々を送っているときは、何か問題があっても顕在化することはありません。

ことが大きくなるのは、トラブルが発生したときです。自分に対して、あるいはほかの誰かに対しての対応や考え方を知って、「こんな人だったの？」とがっかりすることもあります。〝自分ファースト〟だったり、独善的な態度が見えると、その後の関係に影を落とすことになりかねないでしょう。

しかし、その逆もあります。思わぬところで正義感あふれる行動や優しさに触れて好感度が上がり、関係が深まるのも珍しいことではありません。

本当の友情とは何なのか、見極めるのはとてもむずかしいものなのです。

○参考文献

「新編　イソップ寓話」（川名澄訳／風媒社）

占い師
人生は未知の瞬間の積み重ね

占い師が広場にこしをすえて、占い商売をしていました。そこへとつぜん人が近よって、知らせていうには、占い師の家のとびらがあけっぱなしだったので、中にあった物は全部持っていかれた、とのことでした。びっくりぎょうてん、とびあがった占い師は、悲しい声をあげて、その目でたしかめようと走ってきました。いあわせた人たちの中のひとりが、そのすがたを見ていいました。

「占いの先生よ。他人の事は予言するとおっしゃいますがね、あなたご自身にふりかかる事は、お見通しにならなかったので？」

自分の生活はいいかげんにしておきながら、自分にかかわりのない事に手を出してやろうと気をまわす人たちに、この話はむいてるでしょう。

占い師は幸せな人生を送っているはずだ、と誰もが思うはずです。

自分にどんな不幸や災いが訪れるかがあらかじめわかれば、それを回避することができるし、どうすれば物事がうまくいき、幸せになれるかを知っていて当然です。だから占い師の人生は、すべてうまくいくはずです。占い師にとって、自分の幸福な人生こそが、何より効果的な宣伝です。

もしも不幸な占い師、運のない占い師がいたら、誰もその人に占ってもらおうとは思わないでしょう。その占い師の言葉には、何の真実味もありません。

占い師でなくても、ほかの人に何かアドバイスをしたり、いい話を聞かせようとする人は、まずはその人自身が、人から見て、少なくとも幸せそうに見えなければ、言葉に重みと説得力がありません。

この話に出てくる占い師は、おそらく今後、客を失ってしまうことでしょう。

自分の未来や運命など、誰にもわからないものです。たとえ他人の未来や運命は見通せても、自分のことはわかりません。

一分後に何が起こるかさえもわからない。もしかしたら3億円が当たっている宝くじを拾うかもしれないし、自分の家にいきなりトラックが飛び込んできて死ぬかもしれません。人生とは未知の瞬間の積み重ねなのです。

しかし、わからないからこそ、人生は楽しいともいえます。この先で何が起こるのかがわかっていたら、おそらく生きる張り合いがなくなるでしょう。

さらにいえば、将来のことが何も決まっていないということは、自分しだいでよくなるかもしれないということもいえます。だからこそ、人は「少しでもよくしよう」と思って生きていけるのです。それが前向きに生きるということです。

○参考文献
「イソップ寓話集／2」（渡辺和雄訳／小学館）

漁師と犬
「好意は素直に受けるもの」とはいうけれど

漁師が目の前を過（よぎ）る犬を見て、次から次へと食物を投げ与えた。

それに対して犬が言うには、

「あっちへ行け、そんなに好意を見せられると、かえって恐ろしくてならぬ」


贈り物攻勢をかける人は明らかに真の狙いを隠している、ということをこの話は説き明かしている。


何の理由もないのに、誰かが自分に優しくしてくれる、頼んでもないのに、何かを与えてくれる。そんな根拠のない善意は、ときには人を疑心暗鬼にするものです。

「何か下心があるのではないか？」

「この人の本当の狙いは何だろう」

「あとで何か、とんでもないことを頼まれるにちがいない」

そんなふうに勘ぐるのもわかります。ギブ・アンド・テイクといえば聞こえはいいですが、何かいいことをされたら、何らかの形でお返しをしなければならないというプレッシャーは、誰もが感じることではないでしょうか。

それは、あながち間違ってはいません。何かいいことをされたら、その背後に隠されている要求は何なのかを考えることも、ときには重要です。それが人間関係を深めることもあるし、礼儀を欠くこともありません。

○参考文献
「イソップ寓話集」（中務哲郎訳／岩波文庫）

犬と鍛冶屋

気持ちに正直に生きる

犬が一匹、鍛冶屋の家に住んでいた。皆が仕事をしている間は、犬はぐっすり眠っていたが、坐って食事という時になると、むっくり起きて来て、尻尾を振り振り主人たちのところへすり寄って行く。鍛冶屋たちが犬に向かって言うには、

「重たいハンマーを打ち合わせる音にも一向に起きて来ないのに、奥歯を噛み合わせるあるかなきかの音に跳び起きて来るのは、どういう訳だ」

人の言うことは聞かぬ人間でも、利益を期待されることにはいそいそと耳傾けるが、気に染まぬことの場合には、まったく冷淡である、ということをこの話は説き明かしている。

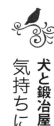

大勢の人がいて、いろいろな声や会話が聞こえてくる場所にいても、自分が好きな人の声や愛する我が子の声は絶対に聞き逃しません。

これは「パーティー効果」といわれるものです。パーティーのような多くの音が交じり合った状況の中でも、人間は自分にとって必要な情報、重要な情報を無意識のうちに選択して聞くことができるのです。

音や声というものは、空気の振動が鼓膜を震わすことによって脳がキャッチするものです。しかし脳は、すべての音や声を無作為に受け止めているわけではありません。自分にとって必要なものだけを選別しています。

ここに登場してくる犬にとっては、ハンマーの音など、生きるうえでは何の意味もありません。しかし鍛冶屋たちが何かを食べるために歯を噛み合わせている音は、犬にとって、まさに生存に関わる重要な音です。だから犬の脳はきちんと正しく選別しているのです。

食事をしている鍛冶屋たちの近くにいけば、おそらく何か恵んでもらえるのでしょう。それで犬の腹はふくれるのです。

犬だけではありません。鍛冶屋たちにしても、ハンマーを打ち合わせる音には敏感だろうし、親方が給料を準備しているときのお金の音には、まわりがどんなにうるさくてもすぐに反応するはずです。

なんと欲望に忠実なのでしょうか。しかし、それが「生きる」ということなのかもしれません。

〇参考文献

「イソップ寓話集」（中務哲郎訳／岩波文庫）

自分をはかるモノサシはどこに？

ヘルメスと彫刻家

ヘルメスは、自分が人間の間でどれほど尊敬されているかを知ろうと思い、人間に化けてある彫刻家の仕事場にやってきました。そしてゼウスの像を見ていくらだと尋ねました。と、彼は「一ドラクメー」だと答えましたので、彼は笑って「ヘラのはいくらだ」と尋ねました。それはもっと高いと言いましたので、彼はまた自分の像を見て、自分は天使でもあり利益《りやく》もあらたかであるから、人間どもは自分を高く買っているだろうと思いました。そしてふたたび、ヘルメスはいくらだと尋ねました。と、彫刻家は言いました。「えゝ、そうですね、もしこれらの像を買ってくださるなら、これはおまけに差し上げましょう」

この話は、他の人々には何とも思われていない虚栄心の強い人に当ては

まるものです。

たとえば大きなプロジェクトが始まるとき、当然、自分は必要とされるだろうと待っていたら、いっこうにお呼びがかからない。自分なしではとても成し得ない仕事なのは間違いないのに、結局は、自分なしでスタートしてしまったということはありませんか。

自分は人からはおおいに期待され、頼りにされているはずだと常日頃から信じていたのに、本当はどう見られているのかを思い知らされます。そして自分を過大評価し、うぬぼれていたことに、いやでも気づかされるのです。

当然、誰もがガッカリして、落ち込むでしょう。しかし、だからといって、自信をなくすだけでおわらせるのはもったいないことです。それは自分の本当の実力を知るための、大切なチャンスだと受け止めたほうが前を向いて歩くことができるはずです。

自分の真の姿を見誤ることは誰にだってあります。もう十分、力があると思い込んでいたものの、まわりから見れば、まだまだだった――。そう自覚することは、さらに自分を高めるための原動力になります。

自分の像が「おまけ」だと言われたヘルメスの気持ちは、さぞやショックだったでしょう。その驚きと落胆は十分に察することができます。

しかし、これからの努力しだいでは、誰の像よりも高価になる可能性があります。

○参考文献
「イソップ寓話集」（山本光雄訳／岩波文庫）をもとに加筆・修正。

無花果《いちじく》とオリーブ
幸運を誇るのは不幸なこと

無花果は冬になると、葉をすっかりと落としてしまいました。すると、それを見ていたオリーブは、それでは丸裸ではないかと笑います。

「私は夏でも冬でも緑の葉が生い茂っている。ところが君は、美しいのは夏だけだな」と言って得意がっていたオリーブでしたが、突然、神様の雷が落ちてきて、一瞬にして焼き尽くされてしまいました。

でも、無花果のほうはというともとのままで、無事なのです。

富や幸運を誇る者には、悲惨な最期が待っているという教訓です。


財産でも権力でも名誉でも、まわりよりも多くを持つ人は、ついそれを自慢したくなります。どんな人にも、多かれ少なかれそんな自己顕示欲はあるものです。

しかし、そんな人には、いつか天罰が下るものだということをこの話は教えています。天罰というと超自然的なもののようですが、この場合の天罰は、もっと別の意味があります。

自分の豊かさを自慢し、相手を見下せば、そこには必ず妬みが生まれます。いわれのない恨みを買うこともあります。言い換えれば、自慢話は、知らないうちにまわりの人の反感を生み出し、敵を増やすのです。そして、いつかその敵から手痛い仕返しを受けるかもしれません。

あるいは、なんとか蹴落としてやろうと思う人が出てくるかもしれません。それがもとになって、無用な争いごとや競争が起こることもあります。

さらに、こんなに豊かであるという心のゆとりは、向上心や自己実現への思いから自分を遠ざけてしまうかもしれません。

いずれにしても、ちょっとした心のほころびがきっかけとなって、身を滅ぼすことになるかもしれないのです。

忘れてはならないのは、富や幸運は、めぐり合わせによって運よく手に入ったものだということです。まるで自分の力で手に入れたかのように思いこみ、高慢な気持ちになっていては、必ず痛い目にあうでしょう。

どんなに自分が恵まれていたとしても、おごることなく、等身大の自分と向きあうことが大切です。

〇参考文献

書籍をはじめ、いくつかの話をもとに加筆・修正。

鳥と狐

「ほめられ方」にも作法がある

烏先生がある木の枝にとまって、くちばしにチーズを一つくわえていました。

そこへ、チーズのにおいに誘われて出てきた狐先生が、次のような言葉で話しかけました。

「おや、烏先生今日は。じつにどうもあなたはご立派ですねえ！　まったくお美しいですよ！　ことに、あなたのお声がきれいな羽根の色と同じように立派なものでしたら、まったく、あなたはこのあたりの鳥の王様ですな」

この言葉を聞いた烏はすっかり有頂天になってしまって、自慢の美しい声を聞かせようとして、大きなくちばしを開きました。そしてくわえていた餌食を落っことしました。狐は早速それを拾って言いました。

「さて立派な先生、おべっか使いという者は、おべっかを本気にする者に損をさして生きているのだということを心得ていなさい」

この教訓は、確かにチーズ一つの値打ちがありました。

烏は恥ずかしくなり、きまりが悪くなって、もうこれから二度とあんな言葉に耳を傾けまいと誓いました。が、もう、少しばかり遅過ぎました。


「お似合いですね、ステキですよ」と店員にのせられて、あまり自分の好みでない服を買ってしまった程度なら、誰にでもありそうな話です。

しかし、この話のキツネのように、自分の利益のことだけを考え、相手が後悔することをわかっていながら、耳ざわりのいい言葉で近づき、その気にさせるようなタイプはまわりにいないと思うでしょう。

それでも、「人はほめられることに弱い」ということをわかった上で、その心情を巧みに使い、自分が得をするように仕向ける人がいるということは、頭の片隅に入れておいてもよいかもしれません。

チーズをくわえていることを忘れてくちばしを大きく開けてしまい、まんまとキツネに横取りされてしまったカラスは気の毒ではありますが、チーズは勉強代だったと割り切るしかありません。一方、相手を見下して心にもないおべっかを言いながら生きている狐の心の貧しさには、同情心さえわいてきます。

ほめられ、のせられ、その気にさせられて、実力以上の結果を出せたなら結果オーライではありますが、いつもそううまくいくとは限りません。ほめられたら、そのことばをどこまで真にうけるべきか、あとは受けとめる側の問題になるのでしょう。

○参考文献
「世界童話大系　第9巻フランス・オランダ篇」(ラ・フォンテーヌ寓話集、佐々木孝丸・松村武雄訳／名著普及会)。

狐と半身像
人は見た目か、それとも中身か

偉人というものは、たいてい、芝居の仮面と同じで、形は立派でも中身は空っぽなものです。その見かけはいかにも堂々としていて、愚民を威圧するだけの力を持っております。

驢馬は、ただうわべだけを見て物を判断しますが、狐はこれと反対に底の底まで吟味し、いろんな風に引っくり返して調べて見ます。そしてその真価が外観だけに過ぎないものであることが分かると、狐はある勇士の胸像に対して与えたと同じ、穿《うが》った言葉を投げかけるでありましょう――

中の空洞《がらんどう》な、そして実物より大きな胸像がありました。狐はそれを見て、彫刻のたいへん勝れていることを褒めそやしましたが、

「なる程美しい頭だ。だが脳味噌は空っぽだ」と言いました。

この胸像と同じ頭をした「殿下」や「閣下」がいかに多いことでしょう！

「人は見た目よりも中身が大事」とは昔から言われてきたことですが、それは裏を返せば、多くの人は目にしたもので、瞬間的に物事を判断していることの裏返しかもしれません。

様々なビジネス書の例を出すまでもなく、人は「見た目」で他者を評価・判断しているというのは心理学などの知見が明らかにしているところです。

とはいえ、どんなに見た目が良くても、中身が空っぽでは価値がない、という考え方も根強くあります。というのも、見た目で直感的に相手を評価した結果、よくも悪くも、のちにその相手に対する評価が一変したというのは、誰もが経験的に知っているからかもしれません。

この話のキツネのように、あちこちひっくり返して調べるまではいかなくとも、相手の言動を、ていねいに見極めることで、「見た目」ではわからない実像を探る心構えは持っておきたいものです。

○参考文献
「世界童話大系　第9巻フランス・オランダ篇」（ラ・フォンテーヌ寓話集、佐々木孝丸・松村武雄訳／名著普及会）。

ミルテの繁みのつぐみ

目の前のことに気をとられていたら…

つぐみがミルテのしげみで、甘い実を夢中でついばんでいました。周りのことなどまるで目に入っていません。すると狩人が隙を見て捕まえてしまいました。

つぐみは嘆き悲しんでさえずります。

「なんてことでしょう。ミルテの実の甘さにおぼれて、身を滅ぼすことになってしまった」

ミルテとは、英名マートルという樹木です。日本名は銀梅花《ぎんばいか》で、その小さな白い花でつくる花輪は、ヨーロッパでは結婚式などのお祝いの場面で用いられてきました。

大きめのブルーベリーのような暗い紫色の実をつける、ヨーロッパではなじみの深い木です。

そのミルテの枝に止まって、甘い実を楽しんでいたつぐみは、美味しさを楽しむあまり、周囲への警戒を怠ってしまいました。自然界では一瞬の油断が、まさに命とりになります。

ミルテの花言葉は「愛のささやき」ですが、その甘さに惑わされたつぐみの末路は悲劇でした。目の前のことに気をとられていると、もっと深刻な問題を見逃してしまうことがあるということです。

○参考文献
書籍をはじめ、いくつかの話をもとに加筆・修正。

2
この「ストーリー」には、人間関係の本質が詰まっている

見えないものに希望を見る力

砂漠のナツメヤシ

（前略）

長い年月がすぎた。

ある日、砂漠を隊商《キャラバン》が通りかかった。旅人たちは疲れはて、飢えきっていた。

「いったい、この砂漠には終わりがあるのだろうか？」と、だれかがつぶやいた。

一人の老人が頭をあげ、あたりを見まわした。

「もう少しだ、みなの衆。あと少しで、ナツメヤシの木陰にたどり着く。着けば、泉の水が飲めるし、うまいナツメヤシの実を口にできる」

「どうして、そんなことがわかるんです？」

「わしにはわかっている」老人はそれ以上、語ろうとしなかった。

そして老人がいったとおり、まもなく遠くのほうに緑の点が見えてきた。

「ほうら、あの木だ！」老人が、うれしそうに声をあげた。

隊商は、緑の点にむかって急いだ。おどろいたことに、緑の点に見えていたのは、ナツメヤシのこんもりした林だった。

旅人たちは、ナツメヤシの木にラクダをつなぎ、泉の水をたっぷりと飲んだ。そして、赤茶色のやわらかな、汁気たっぷりのナツメヤシの実をもいだ。口にふくむと、蜂蜜の甘さをこえる甘さが広がっていった。旅人たちは実をつぎつぎにほおばった。飢えはいつのまにか消え去り、新しい力がわいてくるようだった。

「ふしぎだ」老人は供の者にささやいた。「ずっとまえ、まだわしが若かったころに、ここを通ったのだ。あのとき、ここにはナツメヤシの木は一本しか生えていなかった。それがどうだろう……」

そのとき、老人の胸に、ことばがこだましてきた。

——なんといって、おまえを祝福したらいいだろう。おまえからでる若木がみな、おまえみたいに育つように……。

老人の顔に笑みがよぎった。

「なるほど、わしの祝福までが実ったというわけか……」と、老人はつぶやいた。

日本語の誤用がそのまま定着している例のひとつとしてよくあげられるのが、「情けは人の為ならず」です。情けをかけることは相手のためにはなりませんよという意味で使われがちですが、本来は、人のためだと思ってかけた情けは、めぐりめぐって自分のところにかえってくるというものです。

老人は、若かりし頃に一本のナツメヤシの木に命を救われました。

飢えと渇きを癒すと、ナツメヤシの木に祝福を捧げます。そのとき選んだ言葉は、「おまえからでる若木がみな、おまえみたいに育つように」でした。

日本人にはわかりにくいですが、この逸話はユダヤの民話であり、宗教的な観念から見ると、祝福を捧げるという行為は神聖なものです。

砂漠で出会ったナツメヤシは、旅人にとっては救世主であり、ただの植物以上の価値がありました。その感謝の思いを込めて、神の恵みがありますようにという祝福を、一本のナツメヤシの木に捧げたのです。

その祝福のおかげか、ナツメヤシの木は大きく育ち、そこから出る若木がすくすく育って、砂漠にオアシスを形成しました。その結果、老いて再びそこを訪れたときには、隊商の飢えと渇きを癒すことができるほどになっていました。

飢えと渇きで、まさに命の危機にあった隊商の人たちにとって、泉の水とナツメヤシの実が、どれほど甘美なものであったかは、想像にかたくありません。老人の言葉どおり、祝福の言葉が実り、めぐりめぐって彼の命を助けたのでした。

○参考文献
「お静かに、父が昼寝しております ――ユダヤの民話」

（母袋夏生編訳／岩波少年文庫）。

石を裁く

ピンチは、知恵と機転で切り抜けろ

（前略）

「この妻女の話によれば、犯人は川の中の石に相違ない。たとえ、石であろうと国法をまげることは許されない。奴を捕らえて弁償させるべきである。それ！　犯人を役所に引き立てい！」

命令を受けた供の者が、あっけにとられてとまどっていると、知事は早くしろと一喝しました。供の者は川底から石を掘りおこし、縄でぐるぐるまきにして役所の庭に運びました。

知事が、石を裁判にかけて、米、肉、線香などを弁償させるという噂は、たちまち県内にひろがりました。知事がどんな裁きをするのだろうと、好奇心にかられて、黒山のような人だかりが役所の門前に集まってきました。

知事は門前に大きな桶を二つ備えさせ、白銅三十文を入れたものに裁判の傍聴を許すと掲示しました。

役所の庭では、石を囲んで役人たちが手に手に青竹や鞭を手にして立っていました。時折、厳しく罪状を問いただす声にまじって、ピシッ、ピシッと石を打ちすえる音が門の外まで聞こえてきました。人びとは桶に三十文を投げ入れると、先をあらそって門の中にかけこみました。

大きな桶には、たちまちお金がいっぱいあふれました。頃合いを見はからって知事は、石を打つのをやめさせ、やおら立ち上がって原告、被告を前におごそかに判決を申し渡しました。

「本官はいま、きわめて難解な事件を処理しようとしている。被告は頑迷《がんめい》にもいぜん、口を割ろうとはしないが、原告、証人の申し立てによって被告の罪状は明白である。よって、本官は被告に原告への損害賠償を命ずる。だが、思うに、被告、川石は本判決を履行する能力がない。ここに集まった傍聴者は、多少とも原告に同情して集まったものと思う。

よって、本官は桶の金全部を原告への賠償にあてることに決定する。これにて、被告はおとがめなし、もとの川に戻ってよろしい」

人々は知事の機知に富んだ裁きに、誰ひとりとして異議を唱えるものはありませんでした。そして、妻女はお金をいただき、家に帰って夫といっしょにたいへんよいお正月を迎えることができました。


権力の側に立つものは、昔話や寓話の中ではとかく暴君や圧政者として描かれることが多いものです。だからこそ、ときおり登場する賢君の存在が際立ちます。けっして豊かな暮らしができていたわけではない民衆が、偶然の不運によってさらなる不幸を背負いこんでしまったとき、知恵と機転でピンチを救う為政者はヒーローです。

日本と同様に、ベトナムでも、つつましく暮らす人々が年越しをむかえるにあたって、お正月の飾りやお供え物などの買い物をするのは今と変わらない光景です。

ところが、この話の妻女は川底の石につまずいて、年越しの買い物を川に流してしまいました。一年間必死に働いて、ささやかな年越しの買い物をして、帰り道でその品々がすべて水に流れてしまったとしたら、その絶望感は察するに余りあるものがあります。

話を聞いた知事の「犯人は川の中の石である」という奇想天外な言い分に、民衆は興味津々です。しかし、これこそが知事の機転が利いた裁量でした。

本来、法律は厳格に運用されることで公平性を保つものですが、ときに情のない判断を下されることもあります。ところがこの話では、ルールを逆手にとって、どこまでも杓子定規な裁判をすることで貧しい夫婦のピンチを救ったのでした。

「大岡裁き」を思い出させる、胸のすくような話です。集まった人たちも同じように感じたことでしょう。手段というのはそれを用いる人間の度量によって、毒にも薬にもなり得るということです。

○参考文献
「ベトナムの昔話」（加茂徳治・深見久美子編訳／文芸社）。

ネズミの会議

言うは易く、行うは難し

ベーコンかじりという名のネコ、
ネズミどもをやっつけて、
日ごとにネズミの数がへる。
もう何百匹も殺された。
わずかにのこったネズミども、
いっぴきたりともあなを出ぬ。
不幸なネズミは、
食うや食わず。
ネズミのうわさじゃ、ベーコンかじりは
ネコではなくて悪魔だとよ。

ある日この悪魔めが、
嫁取りにと屋根に乗り、
婚礼の宴にご出席。
そのまにネズミは会議をし
難局切りぬけを相談した。
年とりかしこい長老の発言、
「この危難はなんとかできる。
善はいそげで、
敵のくびに小さな鈴を
とりつけさえすればよい。
敵が近づきゃ
鈴が鳴る。
いそいで逃げれば——もう安心」

このほかに妙案なし、
と、長老はいった。
だれもがむちゅうで
鈴つけの策に賛成。
だが、だれが？　どうやって？　ネズミどもはあたりを見まわした。
あるものはいった。「おれはそんなにばかじゃない」
べつのものがいうことに、「おれにはわからん」
要するに、案はどんなによくっても、
誰も実行はしなかった。

わたしもこういう会議はたんと見た。
むなしいことばしか出ない会議を。
それは人間の会議で、ネズミのじゃない。

国会だってそうだった。
ことばは安く、実行は貴重。
どこでだって受けながし、
ああいっては、またこういう。
だが、いざ実行となれば、
だれもかれも黙ってしまう。

会議は1円も生み出さないからムダなどという人もいますが、アイデア出しのためのブレーンストーミングなど〝三人寄れば文殊の知恵〟的な集まりはなくすわけにはいきません。

ネズミの会議もみんなで知恵を出し合う場であればよかったのですが、長老の鶴の一声でネコ対策案が決まってしまいました。

よく考えるとこの対策案は現実的ではなく、何ひとつ解決にならないにもかかわらず、誰もそれを言い出さないところにもどかしさを感じる人も多いのではないでしょうか。

人間の世界ではいちおう会議で決まったことは予算を組んでスケジュールを決めて、と話は進むのですが、いざ実行となると会議の場にいなかった人に丸投げということも少なくありません。

だから、実行計画は絵に描いた餅になることも少なくなく、言われてやってはみたものの中途半端に終わってしまうことも。もしくは、予算を割り当てたものの、実行は後回しにされて……というのもよくある話です。

長がつくような人の妙案ほど、しっかりと精査しなければ実行部隊は割を食うだけです。くれぐれもイエスマンの集まりになりたくないものです。

○参考文献
「動物寓話集」(ラ・フォンテーヌ作、関楠生訳/ブックマン社)

「自分でなんとかしたい」が問題解決の出発点

ふしあわせさん

（前略）

「やあ、さすが、わしのむすこだ。ふたりだけの初仕事はどうだったね」

ふたりは、父親の手をとって、口ぐちにいいました。

「とても、ひどいめにあったんだ。家に帰るとちゅうで、『ふしあわせさん』を呼んだのに、いくら呼んでも、来てくれなかったんだ」

「ほう、それで、どうしたんだね」

父親が、おどろいたようにたずねました。

「しかたがないから、ふたりで荷車をなおしたんだ。ぼくがおので、にいさんがハンマーをもって、やってみたんだ」

「そうか、よくやったな。おまえたち」

父親はうれしそうに笑って、むすこの肩を、ひとりずつ、ぎゅっとだきしめました。

「いいかね、わしが子どものころに聞いた話では、こういうことを、『ふしあわせさん』が助けてくれたっていうんだよ。おまえたちは、荷車がこわれたふしあわせのおかげで、ふたりだけで、なんでもできたじゃないか」

父親は、もういちど、むすこたちをだきしめました。

「さあ、おはいり。いつまで戸口につっ立っているんだ。おまえたちは、あすからふたりで森に行きなさい。もう、わしがいなくてもだいじょうぶ。なにしろ、おまえたちだけで荷車をなおせるのだから、もう、りっぱな男ってわけだ」

困難や思いがけないできごとに直面したとき、万事を解決してくれる魔法の言葉があったらどんなにいいことでしょうか。もしくは、呼べば来てくれる万能の助っ人がいてくれれば、心強いにちがいありません。

しかし、たいていの場合は自力で解決しなければならないのです。2人の息子が呼びかけた「ふしあわせさん」は、万能の助っ人だったはずですが、じつはそれはただの概念に過ぎませんでした。

助っ人が呼んでも来てくれないとなれば、自分たちでなんとかするしかありません。息子たちは壊れた荷車を力を合わせて直すことができました。

息子たちは父親を尊敬し、なんでもできるすごい人だと思っています。どこへ行くにもついて行き、その背中をずっと見てきたのです。心から尊敬できる人がいつも側にいるというのは、幸せなことではありますが、かたや、自分に自信を持つことがむずかしくなってしまうというデメリットもあります。

成長した息子たちも、父親なしで何かをするのが不安でした。ここでやり方を間違えたら、せっかく育った若い才能をつぶしてしまいかねないでしょう。そんな2人に父親は「ふしあわせさん」が助けてくれると教えたのですが、もちろんそれは方便です。

実際は、「可愛い子には旅をさせよ」という日本のことわざにあるように、困難が人を成長させ、力を発揮させるという意味だったのです。

尊敬する父親の背中を見続けた息子たちには、いつの間にか父親の技術や知恵が受け継がれていました。そのことを父親は知っていましたから、あとは自信を持たせてやるだけです。

父親は、息子たちに本当の意味での自立を教えたのです。

○参考文献
「吸血鬼の花よめ　ブルガリアの昔話」（八百板洋子編訳／福音館文庫）。

最悪の着物
やり込めるにはコツがいる

田贊《でんさん》がぼろを着て荊王《けいおう》にお目通りすると、荊王が、

「先生の着物は何ともひどいものだな」

と言った。田贊が、

「着物にはこれよりもっと悪いものがありますよ」

と答えると、荊王は、

「それはいったい何だ？」

と聞きかえした。

「よろいの方がこれよりも悪うございます」

「どうしてなのだ？」

するとと田贊はこう答えた。

「冬には寒く、夏には暑いという点で、よろいより悪い着物はございません。わたくしは貧乏ですので悪い着物を着ていますが、あなたは万乗の国君であり、くらべもののないほど富貴の身でありながら、好んで人民によろいをお着せになるのは、なんとも納得がいきません。拝察いたしますに、それは美名をかち得ようとのことでもございましょうか。しかしよろいを着るのは戦のためです。人の首を斬り、人の腹をえぐり、人の城郭を破り、人の親子を殺すことは、名目という点から言っても自慢にはなりません。またそれは実利をかち得ようとしてのことでもございましょうか。しかしかりにも人をそこねようとたくらめば、むこうもこちらをそこねようとたくらむでしょうし、人を危くしようとたくらめば、むこうもこちらを危くしようとたくらみます。してみれば実利という点から言ってもまことに不安定なことです。この二つの点でわたくしはあなたのために賛成できかねます」

荊王はそれを聞いて答えようもなかった。

ボロを着た田賛という男が、王に拝謁《はいえつ》するところからこの話は始まります。王がその風貌を見て「ひどいものだな」と言うと、男はもっとひどい着物がある、それは鎧だといって、荊王にグウの音も言わせぬほどの理由を並べ立てるのです。

この話は、中国初の統一国家である秦の政治家だった呂不韋《りょふい》が編纂した『呂氏春秋』に掲載されていたもので、秦によって統一されるまでの中国といえば戦乱の世が500年も続いていました。この戦国末期は、映画化もされた人気漫画『キングダム』でも描かれている時代です。

生まれたときから戦乱を目の当たりにしてきた庶民からしてみれば、王に鎧を着るように命令されて戦に駆り出されるのは強制的なものだったものの、着せられればどんな命令でも従うしかありません。田賛のみならず、「鎧は最悪の着物だ」というのは庶民の本音だったのでしょう。

田賛の言い方がおもしろいのは、理路整然と外堀を埋めながら核心に迫っていくところです。

鎧の着用感の悪さはもちろんこと、着る目的は残虐そのものだし、さらには残虐行為を受けた敵からの報復は必至で、泥沼化することは目に見えています。

そんな着物など着せられる我々庶民のみならず、あなたにとって何の役にも立たない最悪なものですよ、と最後の締めでしっかりと王に苦言を呈しているのです。

目上の人に苦言を呈するときは、これくらいの胆力が必要ということなのかもしれません。

○参考文献
「中国古代寓話集」（後藤基巳編訳／平凡社）

疑心暗鬼
他人を疑う〝視線〟の先に何がある？

鉄《まさかり》をなくした男がいた。となりの家の息子が怪しいと思いこんで、その歩きっぷりを見てみると、たしかに鉄を盗んだらしく見える。顔色もそうだし、ことばつきもそうで、立居振舞い、することなすことがすべて鉄を盗んだらしく見える。その中《うち》に、じぶんのところの谷間を掘っていると、置き忘れていた鉄が出てきた。それからあとで、またとなりの息子を見ると、立居振舞いに鉄を盗んだらしく見えるふしはちっともなかった。

四字熟語の「疑心暗鬼」は、疑いの心を持っていると暗闇の中にいるはずのない鬼の姿が見えてしまうという意味ですが、この言葉のもととなっているのが列子《れっし》によるこちらの話です。

人から好意を持たれれば「近寄ってくるのはみんな財産ねらいだ」、誰かが笑っている様子をみれば「みんなが自分のことを笑っている」、ヒソヒソ話をしている現場を見れば「私の悪口を言って足を引っ張ろうとしているのに違いない」……。

何の証拠も根拠もないのに、ひとたび疑い出したら相手の歩き方から顔色、言葉つき、立居振る舞いの一挙手一投足すべてにおいて怪しいとしか思えなくなってしまうのです。

きっと鉄をなくした男は、隣の息子が誰かと楽しそうに談笑していたり、真面目に働いているような、まったく陰りのない姿を見たとしても、「鉄を盗んでおきながら……！」と、憤懣やるかたない気持ちでいっぱいだったことでしょう。「犯人はアイツだ」と完全に決めつけてしまっているわけです。

この男の場合は、置き忘れていた鉄が出てきたことで勘違いだったと我に返ることができましたが、これがもし証拠の出てこない噂を発端とするようなトラブルだったら、疑念はどこまでも膨れ上がって事件に発展してしまうケースは古今東西、どこでも起きています。

時代を経て受け継がれてきた話は、どんな時代であっても変わらない人間の普遍性を描いているものです。人の心には鬼が棲んでいて、それはけっして自分も例外ではないということを肝に銘じておきたいものです。

○参考文献
「中国古代寓話集」（後藤基巳編訳／平凡社）

ていねいな人間関係のつくり方

親子ネズミ

(前略)

子ネズミは、おかあさんネズミを、あんないするようにして、お米のこぼれているところへ、つれていきました。おかあさんネズミは、うろうろして、口さきでお米のつぶをさがしあてました。

そして、チュウチュウと音をさせながら、その米つぶをたべました。

おかあさんネズミは、目が見えないのです。ひとりでは、食物を、さがすことができません。それで、子ネズミが、食物をさがしては、おかあさんネズミに、たべさせているのでした。

そのうちに、おもてのほうで、人の足音がしました。すると子ネズミは、チュウチュウ鳴いて、おかあさんネズミを、せきたてました。そうして、大いそぎで、またもとの巣のほうへ、おかあさんネズミをまもりながら、はいっていきました。

わがままむすめは、はじめからおしまいまで、じっとそれを、見ておりました。そして、すっかり、はずかしくなりました。

「ネズミでさえも、あんなに親をたいせつにするのに、わたしは、なんというわがままものだろう」

そう思うと、いままでのおこないの、まちがっていたことが、はっきりわかりました。

それからは、まるで人がちがったように、親をたいせつにするようになりました。みんなからも、よいむすめだと、ほめられるようになりました。


目の見えないおかあさんネズミをかいがいしく世話する子ネズミの姿がいじらしく映ります。娘はこのネズミの様子を見て、自らを振り返って反省するのです。

人の振り見て我が振り直せとはいいますが、ネズミの行いを見て、わがままさを反省する娘は、そもそも根が素直なのかもしれません。小さなネズミですら親を大切にする行動ができるのに比べると、自分の行いの卑小さが際立ってしまうということもあるでしょう。

この民話の舞台は朝鮮です。朝鮮半島では中国発祥の儒教の影響を色濃く受けており、祖先を重んじるという考え方から、家族を大切にする、とりわけ年長者を大切にするというのが当然のふるまいとされています。日本にも儒教の影響が強く及んでいるので、話の構図はスムーズに受け止められるでしょう。

近い関係にあるほど、どこかに甘えが生まれてしまい、雑な対応をしてしまいがちです。それは親や年長者に限らず、身のまわりのすべての人間関係に当てはまることでしょう。

○参考文献
「ネギをうえた人　―朝鮮民話選―」（金素雲編／岩波少年文庫）。

遭難者とアテナ女神
神に祈る前に、自分にできること

ある裕福なアテナイ人が、大勢の客たちとともに船の旅をしていました。

すると大きな嵐がやってきて、あっという間に船が転覆してしまいました。

だれもが助かろうとして必死に泳ぎましたが、そのアテナイ人はひたすらアテナ女神に祈るばかりです。

「私を助けて欲しい。そうすれば、たくさんの供物を捧げると約束しましょう」

そんなアテナイ人に、沈んでいく船から放り出されて必死で泳いでいる男が大声で言いました。

「女神に祈るのもよいが、それよりも自分で泳げ！」

神に助けを求めるのもいいのですが、いま起きていることは自分自身の

ことなので、まずは自分でどうにかしなければなりません。

「困ったときの神頼み」とよくいいます。ふだんは信心していなくても、篤い信仰心がなくても、何か一大事が起きたときには、つい「神様、お願いします」と口に出して手を合わせるのが人間というものです。

正月になると、神社は初詣の人々で大混雑しますし、安全祈願、合格祈願、商売繁盛祈願など、何かというと当たり前のように神様を頼りにします。

もちろん、それはけっして悪いことではありません。しかし、神様に頼むばかりでは問題は解決しないということは誰もが知っています。

まずは自分自身で何とかしてみるのが先決です。そして、頑張ってみるのです。できる限りのことをして、そのうえで神様に祈る。そのことを忘れてはなりません。

もしも、神様に祈るだけでものごとがうまくいき、どんな困難も乗り越えることができたら、それはたしかに楽な人生かもしれませんが、しかし同時に、生きているという手応えのない、なんとも味気ない人生になるはずです。

自分で汗を流し、全力を尽くしてこそ、生きることの実感が得られるということを忘れてはなりません。

「天はみずから助くる者を助く」という言葉もあります。これはもともと西洋社会にあったことわざを翻訳したもので、明治時代に日本でも広がりました。自分で最大限の努力をした者にこそ、神様は手を伸ばしてくれるのです。

依存してばかりでは何も成し得ません。「人事を尽くして天命を待つ」という姿勢が重要です。

〇参考文献

書籍をはじめ、いくつかの話をもとに加筆・修正。

三十銭で暮らす三人家族

本当のお金の使い方を知っていますか

むかし、あるサット（群の長なる人を一般の人が呼ぶ呼称）が早朝用事で馬に乗って、でかける途中一人の婦人が道に落ちている小石を拾っている姿を見た。

サットが用を済まし帰って来るとき、見ると朝みかけた例の婦人が夕方になったその時刻にも石を拾っていた。そこでサットは婦人に、

「あなたは何をしているのか」

と訊いた。

「はい、小石を拾っています」

「その小石をどうするつもりかね」

「これを工事現場へ持って行って売ります」

「一日中拾うといくらほどもらえるのか」

「三十銭もらえます」

「家族は何人か」

「三人です」

「ではそれで三人が暮らせるか」

「はい。十銭は借金を返し、十銭は貯金をし、残りの十銭で食べていきます」

サットは彼女の話がますますあいまいで分からなかった。それでさらに、

「十銭で三人がいかに食べていかれるか」

と問うと、彼女は、

「はい、わが家には姑と息子と私と三人で暮らしておりますが、姑が食べるのは借金を返すのであり、息子が食べるのは貯金であり、残りの十銭は自分で食べるのであります」

と答えたそうだ。

十銭は借金の返済に充て、十銭を貯金するとなれば、手元に残るのはわずか十銭だけです。それで家族三人が食べていけるのでしょうか。すると、女はさらに続けます。

姑のために十銭を使うのは、これまでの恩を返すこと。それを女は「借金を返す」と言ったのです。

また、息子のために十銭を使うのは、これから自分を養ってくれる子供を育てること。それを女は「貯金」と表現したのです。そして残りの十銭は、今生きている自分を生かすために使う。これで合計、三十銭です。

金というものは、今日を生きるためだけ、あるいは自分のためだけに使っていては、すぐになくなってしまいます。また、「他人のために使うなんてもったいない」という考えでは、本当の金の価値を活かすことはできません。

では、どうすればいいのでしょうか。

たとえわずかな金であっても、人生というものを長い目で見て、感謝と期待の気持ちを持って使えば、その価値は長い時間の中で生き続けていくものです。

人の営みは、親から子へ、そしてまた、その子へと、長い時間の中で受け継がれていくものです。永遠に続く時間の流れの中で、自分の血のつながった者への思いというものも、大切に引き継がれていくことが大切です。

その流れのなかで、お金というものもまた重要です。日々生きていくうえでお金は欠かせないものです。

生きていくなかで必要なだけの金銭があれば、あとは、それに思いやりをプラスして、次の代へ、そしてまた次の代へと渡していくことをいつも意識していたいものです。

○参考文献
「韓国の昔話」（崔仁鶴編著／世界民間文芸叢書・第10巻／三弥井書店）

樹

ひとりになっても生きていけるか

百姓が斧を持って来たのを見て、「百姓さん」と、若い樹が呼びかけました。

「どうぞわたしの周囲の森を伐り払って下さい。これではわたしは落ち着いて大きくなる事が出来ないのです。わたしには太陽の光も見えないし、わたしの根は伸びる場所もないし、わたしの周囲には、風を通すような自由な席もないのです――森がわたしをそんなはめにしてしまったのです。森の為に、わたしが成長する邪魔をされなかったら、わたしは一年の間にこの国の美となって、わたしの広い影ですべての谷を覆い隠すでしょう。ところが、今のわたしは、まるで枯枝のように、痩せているんです」

百姓は斧を手に取って、友達に対するようにその樹のたのみを聞いてくれました。不意にさっぱりとした広い場所が出来ました。しかしその樹の凱歌《がいか》は長くはありませんでした。樹は太陽に焙《あぶ》られ、雷や雨に打たれ、そしてしまいには風の為に微塵にされてしまいました。

「馬鹿め！」と、その時一匹の蛇が樹に言いました。

「お前の不幸は自分から招いた事だ！　森に囲まれて、お前が成長している間は、暑さも風もお前をいためる事は出来なかったのだ。年老いた樹がお前を守ってくれたからだ。もしあの樹達が今迄失くならないで、今迄生きていたら、それこそお前は今のような不幸がお前に起こらなかった程大きくなり、力も強くなり、頑丈になっていたのだ。そして恐らくお前は暴風雨にも堪えることが出来ただろうに！」

若い樹には自信があったのでしょう。まわりの成木や老木のせいで、自分には光が届かず、成長する場所も与えられない。もっといい環境さえ整っていれば、自分はもっと大きくなれるのに……と日々不満を募らせていたにちがいありません。

まるで、今の会社では活躍の場が与えられず、転職すべきか否か悩んでいる野心あふれる若者のようです。

しかし、人間のように自ら自由に移動することができない樹は、強引に自分を取り巻く環境を変えることを選択しました。自分の成長を妨げている（と思い込んでいる）まわりの木をすべてお百姓さんに切ってもらい、希望どおりの広々とした場所と明るい太陽の光を手にしたのです。

ところが、我が世の春を謳歌したのもつかの間、猛烈な自然災害に襲われて、焼けつく日差しや暴風を一身に受けて木っ端みじんにされてしまいます。さらに傷に塩を塗るかのように、ヘビから容赦ない言葉が浴びせられます。

まさに踏んだり蹴ったりのラストですが、これをそのまま人間に置き換えて、自分勝手な行動をとるな、年長者を敬えという教訓で締めくくるのは、少々もったいないかもしれません。

自分が置かれた環境を呪うのではなく、与えられた条件の中でいかに自分の足で立つか、もっといえば、ひとつ上のステージに立って、環境そのものをつくり変えようという気概は持ち続けたいものです。

もちろん、あまりにも自分本位で傍若無人では困りますが、実際イノベーションを起こしてきた人たちは、そういった面も持ち合わせていたからこそ、今日の成功があるともいえるのです。

○参考文献

「世界童話大系　第6巻ロシア篇（2）」（クルイロフ寓話集、米川正夫・中村白葉訳／名著普及会）

だれか迷わざる

「正解はひとつ」という思考のウソ

秦の国の逢《ほう》氏という人に息子があった。子供の時から利口な子だったが、一人前になってから物のけじめが分からなくなる病気にかかり、歌を聞けば泣いていると思い、白を見れば黒と思い、よい香をかげば臭いと思い、甘いものをなめれば苦いと思い、悪いことをして良いと思うというように、およそ意識のおよぶところ、天地四方といい、水火寒暑といい、すべてあべこべあべこべに考えるようになった。楊氏という人がその父親に向かって、

「魯の国には術にすぐれた先生がたがたくさんおいでになるから、ひょっとしたらそんな病気でもなおしてもらえるかもしれん。行ってみなさってはどうだね」

と勧めたので、その父親は魯の国にでかけるつもりになり、途中で陳の

国を通りかかったとき老聃《ろうたん》にであった。そこで息子の病状の話をすると老聃はこう言った。

「お前はどうしてお前の息子が迷っているのだとわかるのかね？　いま天下の人はみな是非の区別がつかず、利害も見わけられず、お前の息子とおなじ病気のものがたくさんいる。もちろん道理を悟っているものなどはひとりもいやしない。それにじぶん一人が迷ったとしても、一家の者がみな迷うとはかぎらぬし、一家が迷ったとしても一郷《いちごう》の者がみな迷うとはかぎらず、一郷が迷ったとしても一国の者がみな迷うとはかぎらず、一国が迷ったとしても天下がみな迷うとはかぎるまい。しかし天下がみな迷ったとしたら、だれがそれを正すことができよう。かりに天下の人の心がすっかりお前の息子のようになったとすれば、逆にお前の方が迷っているということになろう。哀しみといい楽しみといい、声といい色といい、臭いといい味といい、是といい非といい、だれがそれを正しく言いあてることができよう。それにこう言うわたしのことばだとて、かならずしも迷っていないとは言いきれぬ。ましてや魯の国の先生がたときたら、迷いもはなはだしい者たちなんだから、とても人の迷いを解くことなんかできるもんじゃない。お前もじぶんの糧を背負って、さっさとじぶんの郷里に帰った方がどんなにましかわかりゃせぬ」

日本の社会を表わすキーワードとして、「同調圧力」はよく知られています。みんな「出る杭」になることを恐れ、ふつうであること、ほかと同じであることに安心感を覚えるわけです。そのため、子供の言動があきらかに他者と違っていると、親は必要以上に心配になるかもしれません。

これは日本の話ではありませんが、ここに出てくる父親も「歌を聞けば泣いていると思い、白を見れば黒と思い、よい香をかげば臭いと思い……」と、すべてにおいて人とあべこべに考えるようになった息子を案じていました。

そこへある人から、魯の国には優れた先生がたくさんいるから息子を診てもらってはどうかと提案され、父親はかの地に向けて出発します。

しかし、旅の途中に出会った老人は父親の悩みを一刀両断にするのです。そんなところに行っても何にもならない、魯の国の先生だって別に大したものじゃないと。世の中の基準なんてあってないようなもので、確固たるものなんてないんだというわけです。

たしかに、老人が言うように、Aの環境では普通と思われていた人でも、まったく文化の異なるBの環境に飛び込めば変だと言われたりします。

とかく、この世の中は数の多いほうが「通常」とか「正解」で、少数派は「特別」とか「間違い」などとみなされてしまいがちです。

けれど、この世の中にはひとつしか正解がないことなどほとんどなく、見方を変えれば答えは無数にあります。この話は、多様性が重要なキーワードとなった21世紀にも通ずるメッセージといえるでしょう。

◯参考文献

「中国古代寓話集」（後藤基巳編訳／平凡社）

ヘラクレスとアテネ

「けんかのおばけ」は放っておこう

怪物退治で有名な英雄、ヘラクレスが、あるとき、せまい道を歩いていました。

見ると、地面に、リンゴみたいなものがおちています。ヘラクレスは、それを踏みつけました。

すると、リンゴみたいなものは、二倍の大きさにふくれあがりました。

「あれれ、へんてこだな」

と、ヘラクレスは、さっきよりも強く、ぐいっと踏みつけて、そのうえ、持っていたこん棒でたたきました。

ところが、リンゴみたいだったものは、かえってどんどんふくれあがって、道をふさぐほど大きくなってしまいました。

ヘラクレスは、たまげて、こん棒もほうりだして、そこにつっ立ってしまいました。

このとき、アテネの女神が、ヘラクレスのまえにあらわれて、

「おやめなさい、ヘラクレスさん。これは、けんかのおばけなのですよ。かまわずにほうっておけば、もとのまんまの大きさでいるのですが、つついたり、踏んだりすると、このとおり、どんどんふくれあがってしまうのです」


争いが争いを呼び、事態はエスカレートしていくというのはけっして珍しい状況ではないでしょう。トラブルの種になりそうなものを見つけたとき、とるべき道はいくつもありますが、「あえて触らず、そっとしておく」というのも有効な選択肢のひとつです。

物事のすべてが白黒はっきりつくわけではありません。善悪の見極めや、どちらに分があるかというのを判断するのがむずかしいケースもたくさんあります。

そんなときは、触らぬ神に祟りなしではありませんが、とりあえず触れないようにして、潮目が変わるのを待ったり、自然と解決するのを見守るというのも賢いやり方なのです。

○参考文献
「イソップ童話（下）」（二宮フサ訳／偕成社文庫）。

冬と春

結局、人は力や恐怖では動かない

冬が春をばかにして言いました。

「おまえが来れば、人々は好き勝手に動き出す。花を摘んで遊んだり、頭を飾ったりするために野原や森へ出かけてしまう。船に乗って海に漕ぎ出し、遠い外の国まで行ってしまう人もいる。風が吹いたり雨が降ったりすることなど気にもかけないし、悪いことが起きることも恐れなくなる」

さらに冬は言います。

「俺は偉大な王様だ。人々は目を上げることもできず、地面に目を伏せて震えている。俺が恐ろしくて外に出ることをためらうほどだ」

春はほがらかに言いました。

「そうですよ。だから人々はあなたがいなくなると嬉しくなるのです。私の『春』という名は、美しさの代名詞です。世界一美しい名だと思いませんか。だからこそ、私がいなくなった後も人々はその甘美な美しさを惜しみ、再び戻って来る日は喜びであふれているのです」

圧倒的な力や恐怖で人を支配するのは、一見簡単なように思えます。絶対的な権力や、強大な力によって抵抗できなくすれば、多くの人を従わせることはできるでしょう。

しかし、それはあくまでも外側の話です。内面、つまり心を従わせることはできません。

力による支配は、同時に嫌悪や憎しみを生みます。そして、いざ権力の座が交代するときにはもはや惜しむ者はいないのです。

美しさや喜びは、それまでの人々の心や行いを解放します。同じイソップ童話の中にある「北風と太陽」の話を思い出してみてください。旅人のコートを脱がせたのは、厳しく吹きつける北風ではなく、あたたかな太陽の光でした。

自由を人々が重んじる限り、自由のために団結し、力を尽くすことでしょう。それこそが、自由というものの本質なのです。

○参考文献
書籍をはじめ、いくつかの話をもとに加筆・修正。

農夫と息子たち

本当の宝物はどこに？

農夫が死ぬまぎわに、とても大事な秘密を伝えておきたくなったので、枕もとに息子たちを呼んでいう。

「よく聞け、おれのいのちはもう永くない。だから教えてやろう。葡萄畑に宝が隠してある。掘って探せば見つかるだろう」

父親が息を引きとったとたんに、息子たちは鋤《すき》や鍬《くわ》を手に取り、幾度となく葡萄畑の土を掘りかえして、そこに埋まっているはずの宝を探した。だけど、そんなものは見つからない。しかし、畑をすみずみまで掘りおこしたおかげで、葡萄はかつてない豊作となった。


根本的な解決になったかどうかはわかりませんが、農夫が息子たちに伝えたかった秘密とは、「収穫したければ、まず畑を耕せ」ということです。宝物につられて何度も掘りおこされた畑は、やがて葡萄を育み、かつてないほどの実りをもたらしました。

しかし、大切なのはここからです。

子どもたちが、なぜ豊作だったのかということに気づかなければ、そして、父親の言っていた宝物とは結局何だったのかということを考えなければ、豊作は一年限りで終わってしまうでしょう。

自分がいなくなったあとのことを考えて、息子たちに教えを遺すのが親心です。あとは、受け取る側の息子たちに、その思いが伝わることを願うのみです。

○参考文献
「新編　イソップ寓話」（川名澄訳／風媒社）

天文学者

大切なものは意外と近くにあるもの

むかし、夜ごとに出歩いて星を観察している天文学者がいた。ある晩、郊外に足を伸ばして歩きまわりながら、うっとりと空を見あげているうちに、ストンと涸《か》れ井戸に落っこちた。横になって、うんうんうなっているのを、通りかかったひとが聞きつけ、井戸のすぐそばにきて覗きこんだが、そのわけを知ると、こんなことをいった。

「要するに、天にあるものを見るのにいそがしくて、地上にあるものを見るのがおろそかになったんですな。当然の報いだとおもいますよ」

夜空を観察することはもちろん重要なことなのですが、足元の注意を忘れてしまうと思わぬケガにつながってしまいます。

美しく輝く星に気持ちが持っていかれるのは無理もありません。天文学というのは遠い宇宙の謎を解き明かす雄大なロマンあふれる学問ですが、天文学者が歩くその地面も、宇宙の中に浮かぶ星である地球の表面です。

通りがかりの人の言う「当然の報い」というのは少しきつく感じられますが、つまり灯台下暗しなのです。

大切なことは意外と近くにあるもので、それをおろそかにすればしっぺ返しがきますよということなのでしょう。

○参考文献

「新編　イソップ寓話」（川名澄訳／風媒社）

本当に必要なものの探し方

男の子と木の実

あるとき、小さな男の子がテーブルの上に木の実が入ったビンがあるのを見つけました。

「あの木の実が欲しいな。お母さんはもちろんぼくにくれるに違いないから、たくさんもらっちゃっていいな」と男の子は考えました。そこでビンに手を突っ込み、できるだけたくさんの木の実をつかみました。

ところがビンから手を出そうとすると、つかえて出ません。ビンの口が狭すぎるのです。それでもこの子は手をしっかりと握っていました。木の実を一つも落としたくなかったのです。

男の子は何度も何度も手にいっぱいの木の実を取り出そうとしましたが、どうしてもできません。そしてとうとう泣き出しました。

ちょうどそのときお母さんが部屋に入ってきました。

「どうしたの？」とお母さん。

「木の実をビンから出せないんだ」と泣きながら男の子が言いました。

「欲張るのはやめなさい。二つか三つとればいいでしょう。そうすれば手は簡単に出ますよ」

「なんだ、簡単だ」と言いながら男の子はテーブルを離れました。そして「自分で気がつけばよかったな……」と思いました。


目の前に欲しいものがあれば、それを手に入れたいと思うのは当然のことです。しかし人間の欲望とは限りないものです。自分にとって何が必要か、どれくらい必要か、それを冷静に考えることなく、手に入るものであればいくらでも手に入れたいと思いがちです。

たとえば、夕食の支度のためにスーパーに買い物に行くとします。ちょうどタイムセールをやっていて、いろいろなものが安くなっていました。

そこで、今買わないと損のような気がしてあれもこれも手を出してしまいます。当初の目的は夕食の食材だけだったのに、気がつくと、まったく考えもしなかったものを買っています。

そして、そうやって余分に買ったものは、結局は使うことなく冷蔵庫に入れっぱなしになり、気がついたら賞味期限が切れていた。そんな経験は誰にでもあるはずです。

自分が欲しいものが何かを見誤り、必要以上のものに手を出してしまうと、結局それは無駄になってしまうものです。この話の中で、木の実をたくさんつかんで大きくなった子供の手は、まさに、〝ふくれ上がった欲望〟そのものです。それは、はたから見ていると、とても滑稽で愚かに見えます。

もちろん、欲望を持つことは人間として当たり前のことです。けっして悪いことではありません。何かを欲しいと思うことは、人が生きていくうえでの原動力となるし、また、それが社会を動かすのです。

しかし、やみくもに何でも欲しがっていると、そのうち身を滅ぼすことにもなりかねません。欲望は力になる一方で、人間を根本から堕落させることにもなるということを忘れてはなりません。

自分が欲しているものは何か。どれくらい欲しいのか。なぜ欲しいのか。本当に欲しいのか――。それを正しく見極めて、過剰な物欲に振り回されないようにしたいものです。

○参考文献
「魔法の糸　こころが豊かになる世界の寓話・説話・逸話100選」(ウィリアム・J・ベネット編著／大地舜訳／実務教育出版)

上への感謝の気持ちは、下に返す

古い借金返し、新しい借金で暮らす

ある村にとても貧乏な主婦がいた。ある日、官庁の長が彼女を呼んで、

「どうして暮らしているのか」

と問うと、彼女は、

「はい、わが家では旧借金は返し、新しい借金で暮らしております」

と、答えた。官庁の長はそれがどのような意味なのか理解できなかったので詳しく述べるよううながした。すると、彼女は、

「それは、つまり現在親が食べているのは旧借金の返しであり、子供が食べるのは新しい借金でありましょう。その子供が大きくなると親を食べさせるからであります」

と答えたそうだ。

人は誰でも、親から多くのものを与えられ、学び、成長してきました。言い換えれば、多くの恩を受けてきました。だから親が年老いた今、その親を養うことは、その恩を返すことにほかなりません。これがつまり「古い借金を返す」ということです。

一方、子供に対しては深い愛情をかけ、心をこめて育て上げるものです。それはまさに親心ですが、やがてその子供が成長すれば、いつか必ず親に対して恩返しをしてくれるでしょう。だから親は子供を育てることで「新しい借金をしている」ことになります。

どんな人にも、親がいます。そして自分の子供を育てます。それが延々と繰り返されて、人の世は動いていくのです。

それを、この話では「旧借金」「新しい借金」という言葉で表しているのです。

子供を持つ親の中には、「子育てというのは本当に大変なことだ、苦労が多いし、金もかかる」と不満を持つ人も多いでしょう。そのわりには、いずれ子供がおとなになると、親をかえりみなくなる。親というのは損な立場だと感じるのも、ある意味では無理もないことです。

しかし、よく考えてみれば、親は、かつて自分の親に対して同じような苦労をかけてきたのです。そして、子供たちは、いずれ自分たちが親になったときに、その子供に対して同じように苦労をするのです。

人はそうやって、上の代から苦労を受け継ぎ、次の代へと引き継ぎしながら生きているのです。

借金という言葉には少なからずマイナスのイメージがあり、「返せるだろうか」という気持ちにつながるかもしれませんが、借りた人に返すのではなく、「次の世代に返す」という考え方をすることが大切です。

○参考文献
「韓国の昔話」（崔仁鶴編著／世界民間文芸叢書・第10巻／三弥井書店）

3

「名作」には、人を変えることばがある

トム・ソーヤの冒険

新しい価値をうみだす力

（前略）

トムは、心の中で、けっきょくのところ、世のなかは、そんなにつまらなくはないな、と考えた。トムは知らずに、人間の行動の大きな法則を発見したのだ――それは、おとなにでも、子どもにでも、何かをほしがらせようと思えば、その物を、なかなか手にはいらないようにすればよい、ということだった。もしもトムが、この本の著者のように、偉大にして聡明な哲学者であったなら、トムはいま「仕事」というものは、人間がしなければならないからすることであり、あそびというものは、しなくてもよいものにするものだということを、十分にさとっただろう。

（後略）

マーク・トウェインが書いた「トム・ソーヤーの冒険」といえば、トム・ソーヤーとその仲間たちの冒険に満ちた日々を描いた不朽の児童文学です。

愉快なエピソードが満載の作品ですが、その中にある「しっくい塗りのエピソード」は大人の社会にも通じる人間の心理をみごとに表現しています。

トムは自分が頼まれた柵のしっくい塗りの作業を、機転を利かせてまんまと友達のベンやほかの子どもたちにやらせてしまうのです。

トムの賢いところは、相手が進んでやりたがるように仕向けるということです。これによって、この「仕事」を友達にやらせたという事実がずるくて後味が悪いものではなく、トムの利発さと将来性を感じさせる爽快な印象を与えるものになっているのです。

実際、トムがしっくい塗りを楽しそうにやっていることで、ベンは自分もやりたくてうずうずしてきます。でも、自分にやらせてほしいと頼み込むベンに対してトムは首をタテに振りません。すぐにでもバトンタッチしてしまいたい気持ちをぐっとおさえて、ベンをじらすのです。

トムが友だちにペンキ塗りを「やらせてあげる」対価として手に入れるのは、死んだネズミやビー玉、どこも開けられない鍵やおたまじゃくしといった、子どもたちにとっての宝物です。

もったいぶることによって、しっくい塗りに希少価値を持たせることに成功したトムのもとには、ベンをはじめとして、村中の子どもたちが自分の宝物と引き換えに仕事をやらせてもらおうと列をなしました。

トム・ソーヤーの冒険というタイトルから、トムの奔放さや自由さを描いている作品だという印象が強くなりがちですが、じつは彼のもつ賢さこそがトムの冒険をさらにおもしろく、かつスリリングにする重要な要素なのです。

○参考文献

「トム・ソーヤーの冒険　上」（マーク・トウェイン作・石井桃子訳／岩波少年文庫）。

辛いときこそ自分に正直に

飛ぶ教室　まえがきその二

（前略）

どうしておとなは、自分の子どものころをすっかり忘れてしまい、子どもたちにはときには悲しいことやみじめなことだってあるということを、ある日とつぜん、まったく理解できなくなってしまうのだろう。（この際、みんなに心からお願いする。どうか、子どものころのことを、けっして忘れないでほしい。約束してくれる？　ほんとうに？）

人形がこわれたので泣くか、それとも、もっと大きくなってから、友だちをなくしたので泣くかは、どうでもいい。人生、なにを悲しむかではなく、どれくらい深く悲しむかが重要なのだ。誓ってもいいが、子どもの涙はおとなの涙よりちいさいなんてことはない。おとなの涙より重いことだって、いくらでもある。誤解しないでくれ、みんな。なにも、むやみに泣けばいいと言っているのではないんだ。ただ、正直であることがどんなにつらくても、正直であるべきだ、と思うのだ。骨の髄まで正直であるべきだ、と。

（後略）

どんな大人も、かつては子どもだったわけですが、いつの間にかそのころの気持ちを忘れてしまっています。

著者であるエーリヒ・ケストナーは、「ふたりのロッテ」や「エーミールと探偵たち」などの作品で知られるドイツの作家です。この一節は、「飛ぶ教室」のまえがきとして記されました。

１８９９年にドイツで生まれたケストナーはユダヤの血を引いていて、第一次世界大戦のころには苦しい経験をしています。それでもケストナーは子どものころの純粋な思いを失うことはありませんでした。

「飛ぶ教室」が書かれたのは1933年で、ドイツがナチス政権に替わった年です。「飛ぶ教室」のまえがきは、「その一」と「その二」に分かれているめずらしい構成になっています。

「その二」の抜粋であるこの部分は、子ども時代をひたすら楽しく、喜びにあふれているものとして描いている多くの子ども向けの本に対する、ケストナーの批判的な気持ちが表れているともいえるでしょう。

常識や経験、建前である程度守られている大人の世界に比べて、幼い子どもの世界は純粋なぶん、残酷なことがあります。喜びも悲しみもストレートで深く、重いものなのです。

読者である子どもたちに「その気持ちをおとなになっても忘れないで」と呼びかける形にはなっていますが、そのことを思い出さなければならないのは、むしろ子ども時代を通ってきた大人たちかもしれません。

ケストナーは「飛ぶ教室」本編の中でも、ふたたび同じことを言っています。

——子どものころのことを忘れないでほしい。きみたちはまだ子どもだから、いまそんなことを言われても、よけいなことのように聞こえるかもしれない。でも、これはけっしてよけいなことではないのだ。――

厳しい時代を生きている子どもたちに、そしてかつて子どもだった大人たちにも、ケストナーが届けたかった言葉です。

○参考文献

「飛ぶ教室」(エーリヒ・ケストナー作、池田香代子訳／岩波少年文庫)。

よだかの星

たとえ苦しいことばかりだったとしても

（前略）

よだかはがっかりして、よろよろ落ちて、それから又、四へんそらをめぐりました。そしてもう一度、東から今のぼった天の川の向こう岸の鷲の星に叫びました。

「東の白いお星さま、どうか私をあなたの所へ連れてって下さい。やけて死んでもかまいません」

鷲は大風《おおふう》に云いました。

「いいや、とてもとても、話にも何にもならん。星になるには、それ相応の身分でなくちゃいかん。又よほど金もいるのだ」

よだかはもうすっかり力を落としてしまって、はねを閉じて、地に落ちて行きました。そしてもう一尺で地面にその弱い足がつくというとき、よだかは俄《にわ》かにのろしのようにそらへとびあがりました。そらのなかほどへ来て、よだかはまるで鷲が熊を襲うときするように、ぶるっとからだをゆすって毛をさかだてました。

それからキシキシキシキシキシッと高く高く叫びました。その声はまるで鷹でした。野原や林にねむっていたほかのとりは、みんな目をさまして、ぶるぶるぶるふるえながら、いぶかしそうにほしぞらを見あげました。

よだかは、どこまでも、どこまでも、まっすぐに空へのぼって行きました。もう山焼けの火はたばこの吸殻のくらいにしか見えません。よだかはのぼってのぼって行きました。

寒さにいきはむねに白く凍りました。空気がうすくなった為に、はねをそれはそれはせわしくうごかさなければなりませんでした。

それだのに、ほしの大きさは、さっきと少しも変りません。つくいきはふいごのようです。寒さや霜がまるで剣のようによだかを刺しました。よだかはねがすっかりしびれてしまいました。そしてなみだぐんだ目をあげてもう一ぺんそらを見ました。そうです。これがよだかの最後でした。もうよだかは落ちているのか、のぼっているのか、さかさになっているのか、上を向いているのかも、わかりませんでした。ただこころもちはやすらかに、その血のついた大きなくちばしは、横にまがっては居ましたが、たしかに少しわらって居《お》りました。

それからしばらくたってよだかははっきりまなこをひらきました。そして自分のからだがいま燐《りん》の火のような青い美しい光になって、しずかに燃えているのを見ました。

すぐとなりは、カシオピア座でした。天の川の青じろいひかりが、すぐうしろになっていました。

そしてよだかの星は燃えつづけました。いつまでもいつまでも燃えつづけました。

今でもまだ燃えています。

「注文の多い料理店」「銀河鉄道の夜」など、数々の名作文学で知られる宮沢賢治が遺した切なく悲しい作品です。

実際には、よだかと呼ばれるその鳥は、たしかに特徴的な姿をしているといえるでしょう。暗褐色に複雑な模様が入った地味な体に、幅広で短いくちばし、体のサイズに対して大きくて扁平な頭が特徴で、醜いというよりも、地味で奇妙というほうがしっくりくるかもしれません。

よだかの身の上は外見の醜さから鳥たちに仲間はずれにされてしまうというひどいものでしたが、心はとても優しくまっすぐなものとして描かれています。優しいからこそ、生きることに疲れ果て、絶望し、星になりたいと願うのでした。

しかし、あちこちの星に相手にもされず、ただひたすら悲しんで飛び続けたよだかは、最後に青白く光る星になりました。

よだかの願いはかなった形にはなりましたが、これはハッピーエンドとはいいがたいかもしれません。救いようのない状況は何ひとつ変わることはなかったからです。よだかの星の輝きが美しいほど、その哀しさも増してしまいます。

「あかいめだまのさそり　ひろげた鷲のつばさ」で始まる「星めぐりの歌」や「銀河鉄道の夜」からもわかるように、宮沢賢治は星の世界を描いた作品も多く残していますが、よだかの星は美しい銀河世界というよりも、生きることの苦しみや無常観を色濃く映した作品といえるでしょう。

○参考文献
「新編　銀河鉄道の夜」（宮沢賢治著／新潮文庫）。

人がもつ「業」の深さを思う

蜘蛛の糸

（前略）

ところがふと気がつきますと、蜘蛛の糸の下の方には、数限りもない罪人たちが、自分ののぼったあとをつけて、まるで蟻の行列のように、やはり上へ上へ一心によじのぼって来るではございませんか。犍陀多《かんだた》はこれを見ると、驚いたのと恐ろしいのとで、しばらくはただ、ばかのように大きな口をあいたまま、眼ばかり動かしておりました。自分一人でさえ、断《き》れそうな、この細い蜘蛛の糸が、どうしてあれだけの人数の重みに堪えることができましょう。もし万一途中で断れたといたしましたら、せっかくここまでのぼって来たこのかんじんな自分までも、もとの地獄へさか落しに落ちてしまわなければなりません。そんなことがあったら、大変でございます。が、そういうちにも、罪人たちは何百となく何千となく、まっ暗な血の池の底から、うようよとはい上がって、細く光っている蜘蛛の糸を、一列になりながら、せっせとのぼって参ります。今のうちにどうかしなければ、糸はまん中から二つに断れて、落ちてしまうのに違いありません。

そこで犍陀多は大きな声を出して、「こら、罪人ども。この蜘蛛の糸は己《おれ》のものだぞ。お前たちはいったい誰に尋《き》いて、のぼって来た。おりろ。おりろ」とわめきました。

そのとたんでございます。今までなんともなかった蜘蛛の糸が、急に犍陀多のぶらさがっている所から、ぷつりと音を立てて断れました。ですから犍陀多もたまりません。あっと言う間もなく風を切って、独楽《こま》のようにくるくるまわりながら、見る見るうちに暗の底へ、まっさかさまに落ちてしまいました。

あとにはただ極楽の蜘蛛の糸が、きらきらと細く光りながら、月も星もない空の中途に、短くたれているばかりでございます。

お釈迦様は極楽の蓮池のふちに立って、この一部始終をじっと見ていらっしゃいましたが、やがて犍陀多が血の池の底へ石のように沈んでしまいますと、悲しそうなお顔をなさりながら、またぶらぶらお歩きになり始めました。自分ばかり地獄からぬけ出そうとする、犍陀多の無慈悲な心が、そうしてその心相当な罰をうけて、元の地獄へ落ちてしまったのが、お釈迦様のお目から見ると、あさましく思し召されたのでございましょう。

しかし極楽の蓮池の蓮は、少しもそんなことにはとんじゃくいたしません。その玉のような白い花は、お釈迦様の御足《おみあし》のまわりに、ゆらゆら萼《うてな》を動かして、そのまん中にある金色の蕊《ずい》からは、なんとも言えないよいにおいが、絶間なくあたりへあふれております。極楽ももう午《ひる》に近くなったのでございましょう。

芥川龍之介の有名な小説「蜘蛛の糸」の一節です。人間の浅ましさをいやというほど感じさせる作品ですが、単に大泥棒で大悪人の犍陀多の愚かさを描いているわけではないでしょう。

結局のところ犍陀多の性根は、地獄行きが正解ということでした。自分のあとについて何人もの地獄の罪人たちが蜘蛛の糸にすがって登ってきたのを見て、糸が切れてはかなわないと「おりろ！」とわめいたのです。

犍陀多が地獄から抜け出すためには、「自分だけが助かりたい」という利己的な気持ちを捨てる必要があったのでしょう。今にも切れてしまいそうな蜘蛛の糸には、犍陀多の気持ちを試す意味があったはずです。

わめいた瞬間に糸が切れて、地獄に沈んでいった犍陀多の姿は、たしかに哀れであさましく映りますが、はたしてこのような状況で、どれだけの人たちが犍陀多のようにならないと胸を張って言えるでしょうか。多くの人の心の中には、犍陀多のような利己主義がひそんでいるのかもしれません。

何としても助かりたいという人間の業が、道徳的でない愚かなものとして描かれる一方、最後のチャンスを無駄にしてしまった人間のことなど関係ない様子で、何事もなかったかのように咲く蓮の花の描写が、美しいなかにもどこか情がないような空恐ろしい印象も受けるのです。

○参考文献
「蜘蛛の糸・地獄変」(芥川龍之介/角川文庫)。

4
世界には、記憶に残る「お話」がたくさんある

見られているという感覚を持っているか

誰かが見ている

昔々、ある男が隣近所の麦畑に忍びこみ、小麦を盗もうと考えました。「あちこちの畑から少しずつ取るだけなら、だれも気づかないだろう。そうすればたくさんの小麦が手に入る」と思ったのです。そこで男は、お月さまが厚い雲にすっかり隠れる真っ暗な夜を待ち、こっそり家を抜け出しました。男は一番末の娘を連れて行きました。

「娘よ、見張っていておくれ。だれか見ている人がいたら、教えるんだよ」

と男はささやきました。

男は最初の畑に忍び込み、小麦を刈り取りはじめましたが、ほどなく娘が叫びました。

「父さん、だれかが見てる!」

男はまわりを見渡しましたが、だれもいません。そこで、父親は盗んだ小麦を集めて、二つ目の畑に入りました。

「父さん、だれかが見てる！」と娘はまた叫びます。

親は手を止めて、まわりを見渡しましたが、今度もだれもいません。そこで、小麦をもっと集めると、三つ目の畑に行きました。

しばらくすると、娘が叫びました。

「父さん、だれかが見てる！」

またもや作業を中断して、ぐるりと四方八方を見ましたが、やはりだれもいません。そこで父親は小麦を束にすると、最後の畑に忍び込みました。

「父さん、だれかが見てる！」と娘がまた叫びます。

男は刈るのをやめて見回しましたが、だれもいません。

「なんで、だれかが見てるなんて言うんだ？」と怒って娘に聞きました。

「どこを見渡しても、だれもいないじゃないか」

「だって父さん」と末の娘は小さな声で言いました。

「だれかが上から見てるの」

一度読んだだけではよくわからず、首をひねる人もいるかもしれません。逆に、すぐに気づく人もいるでしょう。

ここでは「上から」というのが、ひとつのポイントです。上、つまり天空にいるのは、おそらく神様でしょう。ただし、神様といっても特定の宗教や信仰に限った話ではありません。言い換えれば良心、あるいは人間の善なる心、また罪の呵責《かしゃく》といったものです。

完全な善人はいません、同じように完全な悪人もいません。人はだれもが正しい心と悪い心を持っているものです。

そのことは、心の中での天使と悪魔の葛藤によくたとえられます。

たとえば落ちている財布を見つけて、「落とした人は困ってるだろうから、すぐに交番に届けよう」という天使と、「誰も見てないからネコババしてしまえ」という悪魔とが激しく言い争う。ドラマや漫画などに、ときどきそんな場面が出てきます。

近所の畑から麦を盗もうと企んだとき、男の中では悪魔が勝っていたのでしょう。しかしそれを見た娘の中の天使が、それを戒めようとします。それが末娘の「だれかが上から見ている」という言葉になって表されています。

ただし、話の中でそれを言っているのは末娘ですが、しかし、男自身の心の声と受け止めることもできます。男の中で天使と悪魔が混在して葛藤しているのです。

どんな人間にも弱さがある。天使と悪魔が戦っても、いつも必ず天使が勝つとは限りません。それでもなお、いつでも自分の中の善なる心の声に耳を傾けられるようにしておきたいものです。

○参考文献
「魔法の糸　こころが豊かになる世界の寓話・説話・逸話100選」(ウィリアム・J・ベネット編著／大地舜訳／実務教育出版)

残酷な世界に生きているということ

おそすぎたのです

おかあさん　おなかがすいて死んじゃうよ
今すぐパンを食べさせて
まっておくれ　わたしのかわいいこ
あした小麦の種をまこう
種まきがおわっても
こどもはまだないている
おかあさん　おなかがすいて死んじゃうよ
今すぐパンを食べさせて
まっておくれ　わたしのかわいいこ
あした小麦を収穫しよう

収穫がおわっても
こどもはまだないている
おかあさん　おなかがすいて死んじゃうよ
今すぐパンを食べさせて
まってておくれ　わたしのかわいいこ
あしたもみうちするからね
もみうちがおわっても
こどもはまだないている
おかあさん　おなかがすいて死んじゃうよ
今すぐパンを食べさせて
まってておくれ　わたしのかわいいこ
あした粉をひこう
粉ひきがおわっても
こどもはまだないている

おかあさん　おなかがすいて死んじゃうよ
今すぐパンを食べさせて
まっておくれ　わたしのかわいいこ
あしたパンをやきましょう
パンがやきあがったとき
こどもはすでに死んでいた

必要な手順をひとつひとつ踏んで行動するということは、称賛されこそすれ、非難されることではありません。しかし、緊急事態となれば話は違います。おなかが空いたと泣く子どもがいたら、種まきからでは間に合わない。すぐに食べ物を与えなければならないのです。

一方、それは平常時の理屈ともいえます。これはドイツのわらべうたですが、現在は先進国といわれる国でも、豊かとはいえない時代が確実にありました。マザーグースをはじめたとしたわらべうたの中には、おもしろい歌詞や節回しにのせて、当時の残酷な世情を映すものがたくさんあるのです。

このうたには、子どもがおなかをすかせていても、農作物が育つのを待つしかないという農民たちの暮らしが映し出されています。おかあさんはのんびり構えてのらりくらりとかわしているわけではなく、そもそも与える食べ物がないのです。

それを知ると、おなかが空いたと泣く我が子に与える食べ物もなく、なすすべもなく死なせてしまった悲しみがにじんでいるように聞こえてきます。

○参考文献
書籍をはじめ、いくつかの話をもとに加筆・修正。

前を向いて生き続けるための準備とは？

死神のおくった知らせ

男は死神にたずねました。

「今度来るときは、どうにかして事前に知らせてくださいとお願いしたはずなのに、いったいどうしてそうしてくれなかったのでしょうか」

死神はあきれたように答えます。

「特別に情けをかけてやったのに、なんてわがままなやつだろう。しかも、約束は守ったぞ。死ぬ心構えができるように何年もかけて、七回も知らせを送った。よく見てみろ。ほら、おまえのもとにその証拠が残っている」

男はおどろきました。

「そんなわけはありません。いったいどんな知らせだというのです」

死神は大笑いしたあと真面目な顔で言います。

「信じないなら、証拠を見せてやろう。

1番目は目。若い頃はどこまでもはっきり見通せた。それなのに今では近くも遠くもはっきり見えないだろう。

2番目は耳。どんな小さな物音も聞き逃さなかったのに、耳もとで太鼓を鳴らされてもわからなくなってしまった。

3番目は歯。硬い骨も噛み砕けるほどだったのが、口を開けてみれば、無くなってしまって粥《かゆ》しかすすれまい。

4番目は髪だ。豊かでつやつやした美しい巻き毛も、枯れ野原のように抜け落ちてしまい、わずかな髪も真っ白になってしまった。

5番目は背中。柳の枝のようにしなやかで天を見上げるようにピンと真っ直ぐだった背中が、すっかり曲がってしまって地面しか見えまい。

6番目は足だ。地面をしっかり踏みしめていたたくましい足は、よろよろとよろめいて杖がなくては満足に歩けなくなってしまった。

7番目は食欲。食べるもの食べるもの美味しくて満足だった若い頃と比べて、何を食べても砂を噛むように味気ない。
これが今もここにある7つの証拠だ。どうだい？　ずっとお前のところにいただろう。気づかなかったのか？」
男はじっと考えました。すべて思い当たる証拠だったのです。死神は約束を守ったのでした。そう思った男は、死神の言う通り、魂をゆだねたのであります。

死神を前にした男が、心構えをするために知らせて欲しかったというのですが、それに答えたのがこの一節です。

生きていれば、誰もが老いと向き合うことになります。死神が提示した死期が近づいたことを知らせる7つの証拠は、遅かれ早かれ誰しもが感じることになるものでしょう。

この民話がつくられた時代とは違い、肉体的な老いはある程度とりつくろえる時代になったのも事実ですが、本質的なところでは老いを避けることはできない、というのもまた厳然たる事実です。

日々衰えていく肉体を感じるなかで、それが死をむかえる「使い」だととらえる人はどれだけいるのでしょうか。医学の発展は、老化と死の関連性をどこかあいまいにしています。

しかし、100パーセント確実だと言い切れることがないなかで、例外なく言える数少ない真理の一つは、生き物は必ず死ぬということです。自分の体に表れる老いのサインは、人生が終焉に向かいつつあるのだということをはっきりと知らせているのです。

どうあがいても死は避けられません。天才や凡人、お金持ちや庶民、どんな人にも死は平等に訪れます。

そうであれば、その瞬間をイメージしておくことはけっして悪いことではないでしょう。

心の準備をすることで、心おだやかに残された時間を過ごすか、加齢にあらがって生きるのか――。

考え方は人それぞれですが、どちらにせよ前を向いて生きるためのシミュレーションにすることが重要です。

○参考文献
書籍をはじめ、いくつかの話をもとに加筆・修正。

恐怖

怖い時ほど、耳をすまして目を開く

ある町で疫病が流行るという噂が広まった。町長は疫病神を呼んで、真相を突き止めるために話し合った。

「疫病神、この町でどれほどの犠牲を出すつもりなのか教えてくれ」

「五百人。それ以上は、絶対に手を出さないと約束しよう」

「わかった。その言葉を信じよう。絶対にだぞ」

「誓ってもいい。約束したぞ」

ところが、みるみるうちに病の被害は広がって、死者は千人を超えてしまった。怒った町長は再び疫病神を呼んで、青い顔をして詰め寄った。

「おいおい町長どの、それは言いがかりというものだ。おれは約束したとおり五百人分の命しか取らなかった」

「嘘をつけ！　五百人の倍の死人が出たんだぞ？　おまえが嘘をついてないなら、なぜなんだ」

「おれには関わりのない話だ。そうとも、疫病が原因じゃないのさ。彼らを殺したのは『恐怖』なのだ」


未知のものを恐れるというのは、ごく自然な感情ではあります。それこそが、人類を生き延びさせてきた本能のひとつともいえます。

しかし、この何かを恐れる気持ちは、ときに選択肢を狭め、可能性を閉ざし、あるいはその実体のない恐怖に対し、絶望して立ちすくんだり、逆に暴力的な手段で対抗することがあった、というのも歴史が示すところです。

過去をふり返ってみれば、人々の恐れが暴力や排除を生み、それが甚大な被害につながり、罪のない人々の命を奪った事例は、世界中のあちこちでいくらでもあげることができるでしょう。

未知のものに対する恐れは、いつでも、誰の心にもあるものです。見えない恐怖の中で目を閉じ、耳を塞ぎ、他者を攻撃しても、それは解決への一歩にはなり得ません。

どれだけ困難な状況に置かれたとしても、目を開き、耳をすまして、自分が進むべき道を探っていくしかありません。

○参考文献

書籍をはじめ、いくつかの話をもとに加筆・修正。

おばあさんのテーブル

後ろめたい気持ちの奥には…

あるところに、体の弱いおばあさんがいました。おばあさんのだんなさんは死んでしまい、後にはおばあさんただひとり残されました。そこで、おばあさんは息子夫婦と孫娘と一緒に暮らすことになりました。おばあさんの目は日に日に悪くなり、耳もどんどん遠くなっていきました。あまりに手が震えて、夕食の時には豆がスプーンから転がり落ちたり、スープがお皿からこぼれたりすることもありました。息子とその嫁は、おばあさんが食卓の上に食事をこぼすのを、とても嫌がりました。ある日、おばあさんがミルクのコップを倒してしまうと、もう我慢できなくなったのです。

二人は、部屋のすみにあるほうきをしまう戸棚の隣に、小さなテーブルを置きました。その日から、おばあさんはそこで食事をしなければならなくなりました。一人ぼっちでテーブルにつくと、おばあさんは目に涙をいっぱいためて部屋の向こう側にいる家族を眺めていました。息子たちは食事をしながら、ときどきおばあさんに声をかけましたが、その言葉のほとんどは、おわんやフォークを落としたことへの文句でした。

ある日、夕食時に床の上で孫娘が積み木遊びをしていました。父親が娘に何を作っているのかとたずねると、娘は「お父さんとお母さんのために小さなテーブルを作っているの」と言ってにっこりとほほえみました。「私が大きくなったとき、お父さんはこのテーブルを使って部屋のすみでご飯を食べるのよ」

父親と母親は、しばらくの間、娘を見つめていましたが、突然声をあげて泣き出してしまいました。

その夜、二人はおばあさんを大きなテーブルに呼び戻しました。それ以来、おばあさんは家族のみんなと一緒に食事をするようになり、おばあさんが時折ものをこぼしても、息子も嫁もちっとも気にかけなくなったとい

＝うことです。＝

おばあさんに対する仕打ちに、どこか罪悪感やうしろめたさを感じている息子夫婦にとって、娘の「私が大きくなったとき、お父さんはこのテーブルを使って部屋のすみでご飯を食べるのよ」というひと言は、どれほど衝撃的なものだったでしょう。

この話では、孫娘の積み木遊びを見て、この息子夫婦は自分たちがどんなにひどいことをしていたかに気がつきます。おそらく孫娘は、親たちに何の悪意もなく、「お年寄りには、そうやって接するもの」と信じ込んでいるだけなのです。

そのことに気がついた息子夫婦は、孫娘が用意したテーブルを見て泣き出してしまいます。そして、自分たちが母親に対していた仕打ちを反省し、恥じて、おばあさんを再び同じテーブルに招き入れます。もちろん、食事をこぼしても文句を言わなくなりました。

これは童話や寓話によくある「因果応報」だともいえます。自分が親にしたことは、めぐりめぐって、いつか自分にかえってくることになるのです。

○参考文献
「魔法の糸　こころが豊かになる世界の寓話・説話・逸話100選」（ウィリアム・J・ベネット編著／大地舜訳／実務教育出版）

夢を思い描くこと、夢を実現すること

甕《かめ》売り商人の夢

むかし、一人の甕売り商人がいた。ある日、甕をたくさん背負い、売りに行く途中、あまりに重いので地面に背負い子を支え、しばらく休んでいた。汗を拭いて、タバコを吸いながら甕の売り方を考えていた。

「この甕はわしが三両で買った。売れば六両になる。さらに六両で二個を買い、また売ると今度は十二両になる。また四個を買ってから売ると二十四両に増える。それで八個を買えば四十八両、それで十六個が買える。またそれを売ると三十二個が買える。……そうだこのような大金になればそのお金で田んぼも畑も買い、大きな屋敷で暮らせる。大ぜいの子供たちを養いながら長者らしく幸せに暮らせるのではないか」

甕売り商人は一人でこのように考えているうちに、今にも長者になった

かのように御機嫌がよくなってきて踊り出した。踊るときに脚が背負い子を支えていた棒にひっかかって背負い子が倒れた。甕が落ちこなごなにこわれてしまった。それで長者になる夢もこなごなに消えてしまった。それゆえにこの世では長者になる夢をみて、破産した人を指して『トクザンサ・クク』（甕売り九九算）という。

まだ何も行動を起こしていないのに、うまくいくと決めつけて、どれだけ自分が得をするかを頭の中で想像して大喜びをした男の話です。そんなことをしても意味がないし、ましてや夢だけでは腹はふくらまないのです。

日本には「捕らぬ狸の皮算用」という言葉があります。手に入れてない狸の皮でいくら儲かるかを計算している、その愚かしいさまを表現しています。

宝くじを買って、まだ抽選会も開かれていないのに、「一億円が当たったら、あれをしよう」「これを買おう」と計画を立てるのも同じかもしれません。

何か目標を決めて、それを達成するための計画を立てることは、たしかに大切なことです。それに、その目標を達成したときのことを思い描くことは大きな励みになります。

スポーツ選手の中には、自分が勝ったときの姿を思い描く、いわゆるイメージトレーニングをする人がいますが、スポーツ選手でなくても、成功した自分のことを想像するのは、ある意味でイメージトレーニングだといえます。それが自分のやる気を育て、成功へと導いてくれるものです。

しかし、それがうまくいくためには、綿密な計画性と実行力によって、それを成し遂げなければならないということをつねに忘れないようにしたいものです。

○参考文献
「韓国の昔話」(崔仁鶴編著／世界民間文芸叢書・第10巻／三弥井書店)

しあわせのかたちはいろいろあるけれど

結婚した野ウサギ

むかしむかし、野ウサギが緑の草原を散歩していた。「ホップ、スキップ、そしてジャンプ、空高く」と野ウサギは大はしゃぎで歌い、あちらこちらぴょんぴょんとび跳ねていた。そしてときどき後ろ足で立ちあがっては、あたりを見まわし、耳をすませていた。

すると、狐がこっそりと草原を横切ってきた。

「こんにちは、こんにちは」と野ウサギは言った。「ぼくはね、今日、とっても幸せなんだ。だって、結婚したんだからね。あんまり幸せだから、きみに全部、話してきかせてあげなきゃね」

「それはそれは、ほんとうにけっこうなことだね」と狐は言った。

「さてね、いつでもそうけっこうというわけじゃないんだ。だって、奥さんときたら、時にはかなり手ごわくってね。ほんものの悪魔かというくらい、そんなのを奥さんにしてしまったんだもの」と野ウサギは言った。

「それなら、ほんとうに気の毒だったにちがいないね」と狐は言った。

「ああ、でもね、まんざらそうひどくもなかったんだ。彼女から相当な持参金をもらったものね。だってね、彼女は自分の家を持っていたんだよ」と野ウサギは言った。

「それは、まあ、すてきなものを手に入れたものだね」と狐は言った。

「さてね、それがそんなにいいことじゃなかった。だってね、その家が火事で焼け落ちてしまったのだもの。そして、ぼくたちの持っていたものは全部、炎につつまれてしまったんだ」と野ウサギは言った。

「ああ、そりゃ、ほんとにお気の毒だったね！」と狐は言った。

「ところが、結局のところ、そんなにひどくはないんだよ。だってね、その火事で、彼女も燃え尽きてしまったのだもの」と野ウサギは言った。

ギクッとするようなコワい話です。物語の冒頭で登場したときから、野ウサギは上機嫌で、さぞ幸せなことがあったのだろうと予測させます。

そのできごととは「結婚」です。しかし、話のオチまで読めば、かなりのブラックジョークが効いています。

古今東西、結婚にまつわる格言やことわざ、寓話は多く、なかにはこの話のような皮肉たっぷりなものも多くあります。もともと赤の他人だった二人が結婚してひとつの家庭を築くのが簡単ではないことは当然のことでしょう。

とはいっても、野ウサギの結婚話は穏やかではありません。結婚して幸せだという話から始まったのに、奥さんが持ってきた家も、奥さん自身も、火事で燃え尽きてしまったことが「そんなにひどくはない」というのです。

フランス近代詩の父と呼ばれるボードレールは、詩集「悪の華」の中の一篇「殺人者の葡萄酒」をこんなフレーズで始めています。

――女房は死んでしまった、おれは自由だ！　いやこれで、思う存分、飲めるというもの――

結婚とはきわめて個人的な選択ですから、その内情は当事者にしかわかりません。いったい何が幸せなのかは、はたから見て判断できることではないのです。

○参考文献
「ノルウェーの民話」(P.C.アスビョルンセン＋J.モー著・米原まり子訳／青土社)

捕虜になったラッパ吹き
「勇ましいことば」にご用心

行進する軍隊の先頭でラッパを吹く男がいた。戦争をたたえる曲を奏でて兵士たちの士気を高めていた。ところが、敵軍に捕らえられたとたんに、命乞いをしていう。

「殺さないでくれ。おれは誰も殺していない。そうだとも。このラッパのほかには、武器ひとつ持っていないんだ」

だが、敵兵はこたえた。

「それを聞いたからには、おまえを生かしておくことはできない。自分は戦わないくせに、みんなを戦場に駆り立てたんだからな」


どんな集団にも、勇ましいことをいう人がいるものです。ギブアップした方がよい局面でも、進むこと、攻めること、退かないことを選択し、周囲を駆り立てる。彼らがブレーキを踏むことはありません。

もちろん、こういうタイプが先頭に立って鼓舞することで、起死回生の大逆転ということもありうるわけですが、ひきづられてしまうのはあまりに危険です。そして、歴史上、こういう〝リーダーシップ〟で判断を見誤り、悲劇を迎えた集団は、少なくないのです。さらに、このストーリーにもあるように、勇ましい人に限って、「責任をとる」どころか、最初に逃げ道を用意していることさえあります。

そんな人たちが幅をきかす集団にあって、我々に何ができるのでしょう――。まずは、何より勇ましいことばに用心すること。「前に進もう」「どんどんいこう」という声に対して、「立ち止まろう」「引き返そう」というのは、場合によっては、臆病どころか、勇気ある決断だということを忘れないようにしましょう。

○参考文献
「新編　イソップ寓話」（川名澄訳／風媒社）

青春文庫

1分《ぷん》後《ご》、誰《だれ》かに話《はな》したくなる47の「寓《ぐう》話《わ》」

2022年11月20日　第1刷

編　者　話題《わだい》の達人《たつじん》倶楽部《くらぶ》

発行者　小澤源太郎

責任編集　株式会社プライム涌光

発行所　株式会社青春出版社

〒162-0056　東京都新宿区若松町12-1
電話 03-3203-2850（編集部）
　　 03-3207-1916（営業部）
振替番号　00190-7-98602

印刷／中央精版印刷
製本／フォーネット社

ISBN 978-4-413-29815-5

お茶の時間の1日1話
心のひと休み

疲れや緊張が消えない……そんなとき、ほんのちょっとの「ひと休み」が効くのです。気持ちがラクになる74の言葉。

植西　聰

(SE-811)

他人《ひと》にも自分にもやさしくなりたいあなたへ
人間関係のモヤモヤから抜け出し、ラクに生きる方法

人間関係の悩みは、自分の中の〝トラウマ〟が生み出していた⁉　精神科医が教える「自分も周りも大事にするためのヒント」。

長沼睦雄

(SE-812)

とびっきりのネタ満載！
天下無双の大人の雑学

面白くて教養になる！雑談力で一目おかれる！

話題の達人倶楽部［編］

(SE-813)

「カノッサの屈辱」を30秒で説明せよ。
世界史を攻略する86の〝パワー・ワード〟

読めばそのまま頭に入る！大人のための世界史のツボ！

おもしろ世界史学会［編］

(SE-814)